Tra

Georgios Zervas

Global Fair Trade –
Transparenz im Welthandel

Der Weg zum gerechten Wohlstand

Patmos

Das in diesem Buch vorgestellte Konzept eines Global Fair Trade-Systems
wird unterstützt von den Organisationen:

Global Economic Network

»Ein GEN-Report«
Herausgeber der Global Economic Network-Reports:
Dieter Härthe und Peter Spiegel

Global Marshall Plan
balance the world
with an Eco-Social Market Economy

»Ein Bericht an die Global Marshall Plan-Initiative«

Bibliografische Information der Deutschen Nationalbibliografie

Die Deutsche Nationalbibliothek verzeichnet diese Publikation in der
Deutschen Nationalbibliografie; detaillierte bibliografische Daten
sind im Internet über http://dnb.d-nb.de abrufbar.

ISBN 978-3-491-36013-6
www.patmos.de

Für meine Frau Beatrice
und für meine Kinder
Robert, Rebecca und Diana
sowie für eine
menschliche Zukunft für
alle Kinder dieser Welt

Inhalt

Kapitel 8
Der Beitrag des Global Fair Trade-Systems

Anhang

Vorwort

Die Politik in fast allen Ländern hat sich immer mehr und immer tiefer in immer komplexere Systeme gesellschaftlicher Steuerung verstrickt. Anstatt in Ruhe über einfache Systeme nachzudenken, die dem Gesamtsystem und allen ihren Teilsystemen und Einzelelementen am meisten nützen, gerät Politik fast überall immer mehr in die Maschinerie von Einzelinteressen. Mächtige Lobbys mit Tunnelblick auf die Partikularinteressen ihrer Klientel wenden sich mit Druck an die Politik. Da hinter den Lobbys immer auch mehr oder minder bedeutsame Wählergruppen stehen, sind Politiker einem besonderen Erwartungsdruck ausgesetzt, dass sie den Anliegen der Lobbygruppen möglichst weitgehend entsprechen. So entsteht ein Hase-und-Igel-Spiel: Ist einem Lobbyziel Rechnung getragen, folgt das nächste. Politiker können sich abrackern wie sie wollen, immer wartet schon der nächste Lobbyist und sagt:»Bin schon da!« – mit den nächsten Anliegen. Dieses Hase-und-Igel-Spiel birgt die Gefahr, dass die Steuerungssysteme, an denen die Politiker im guten Willen, es vielen recht zu machen, arbeiten, immer komplizierter werden. Es entsteht ein immer komplexeres, bürokratischeres und undurchsichtigeres Flickenteppichsystem, das obendrein immer teurer und schwerfälliger wird und aufgrund der wachsenden Komplexität tendenziell auch immer korruptionsanfälliger oder auch anfälliger für die Abhängigkeit von immer mehr Spezialisten, die als einzige noch im Dschungel der Bestimmungen um Durchblick ringen können.

Das Stöhnen über die hier beschriebene Dynamik in unserem immer stärker lobbybeherrschten demokratischen System wird lauter, und zwar auf allen Seiten. Auch die Unzufriedenheit über die abnehmende Steuerungsqualität und über die Ergebnisse dieses Systems nimmt überall zu. Erheblich verstärkt werden diese Aspekte durch die neuen gewaltigen Aufgaben der Globalisierung. Die Kluft zwischen politischem Handlungsbedarf und effektiver Handlungsfähigkeit wird unverkennbar immer größer.

In dieser Situation müssen wir alle für grundlegend neue Denkansätze offen sein. Vor allem die Politiker, aber auch die Führungskräfte in der Wirtschaft sowie die Engagierten in der Zivilgesellschaft sollten den Ansatz des Global Fair Trade-Systems auch unter diesem Aspekt prüfen. Die Evolutionsforschung förderte die Erkenntnis zu Tage, dass alle Systeme auf allen Stufen der Evolution die Tendenz in sich tragen, mit der Zeit an Komplexität zuzunehmen. Aber von einem bestimmten Grad von Komplexität an nimmt die Lebenstauglichkeit eines Systems nicht mehr zu, sondern droht an den ebenfalls mitwachsenden Überlebensanforderungen zu scheitern. An diesen Stellen der Evolution bedarf es eines Quantensprungs auf eine neue Stufe der Systementwicklung. Entscheidend für den Quantensprung ist, dass die neue Systemebene wiederum mit *einfachen* Systemprinzipien arbeitet und dass diese dann eine neue Runde der schrittweisen Komplexitätsvermehrung mit den neugewonnenen Steuerungsmöglichkeiten der neuen Stufe beginnen.

Ein Beispiel ist der evolutionäre Quantensprung zur »Einführung« des Gehirns in die Evolution. Bis zu einer bestimmten Komplexität konnten belebte Systeme noch gut ohne Gehirn auskommen. Irgendwann wurde ein Gehirn überlebensnotwendig. Die ersten Gehirne waren noch ausgesprochen einfach gebaut. Sie gewannen erst Zug um Zug an Komplexität – bis auch sie nicht mehr in der Lage waren, die von Menschengehirnen aufgebaute Komplexität allein und hinlänglich zu steuern. Computer eröffneten für die menschliche Intelligenz wiederum eine neue Stufe der Handlungsfähigkeit, und sie konnten ihre Leistungsfähigkeit überhaupt erst entfalten, als eine extrem einfache Entdeckung gemacht und genutzt wurde: die Reduzierung des Zahlensystems auf das binäre System 0 und 1.

Unsere politischen Entscheidungs- und Handlungssysteme bedürfen angesichts der erreichten Entwicklungs- und Komplexitätsstufe der Menschheit dringendst eines analogen Quantensprungs. Wir können die Komplexität des »Organismus Menschheit« nicht reduzieren, aber wir können sehr wohl, ja, wir müssen die Komplexität von dessen sinnvoller und wirkungsvoller Steuerung reduzieren, wenn wir unsere Steuerungsfähigkeit nicht noch mehr verlieren wollen.

Das Global Fair Trade-System liefert einen Steuerungsmechanismus, der diesen neuen Anforderungen gerecht wird. Es ist im besten Sinne ein systemisches Win-Win-Konzept: die Interessen aller klug berücksichtigend und dennoch zugleich entscheidend einfacher und ungleich wirksamer als alle bisherigen Ansätze. Die größte Leistung des Autors ist dabei, dass er sein Konzept konsequent wettbewerbsneutral gedacht hat. Wettbewerbsneutralität ist zugleich die Ausfahrt aus einer nicht mehr funktionstauglichen Autobahn des Partikularinteressenwettstreits und das Eingangstor in eine steuerungsfähige globale ökosoziale Weltwirtschaft mit noch unvorstellbar weiten neuen Freiheitsgraden einer intelligent balancierten gesamtmenschheitlichen Entwicklung.

Das hier vorgestellte Global Fair Trade-System soll zum praktischen Fallbeispiel werden, an dem genügend Menschen und genügend Entscheider den Mut aufbringen, den letztlich eigentlich immer sehr kleinen Schritt in eine neue Handlungsfähigkeit zu tun.

Peter Spiegel
Generalsekretär des Global Economic Network

Einleitung

Die in diesem Buch vorgestellten Überlegungen zu einem Global Fair Trade-System reiften im Zuge meiner langjährigen Beratungstätigkeit im internationalen Handel. Jeder Mensch, der im internationalen Handel tätig ist und der Verantwortungsbewusstsein hat, leidet unter den allzu offensichtlichen Ungleichgewichten, die niemand übersehen kann, der einmal die ländlichen Regionen Indiens oder die menschenunwürdigen Produktionsstätten in einem der zahlreichen anderen Schwellen- und Entwicklungsländer zu Gesicht bekam.

Oft bleibt man mit diesem Schmerz allein, weil man nicht weiß, wie man selbst substanziell dazu beitragen kann, diese Zustände zu überwinden. Manche entwickeln ein humanitäres Engagement, von dem sie aber gleichzeitig wissen, dass es angesichts der Dimensionen der Probleme kaum mehr als Symbolcharakter haben kann, gemeinsam ist allen ein dominierendes Gefühl der Ohnmacht.

Für mich ergab sich ein entscheidender Hoffnungsschimmer, als ich das Konzept für einen Global Marshall Plan kennen lernte, das seit 2003 unter der wissenschaftlichen Koordination des Ulmer Ökonomen und Mathematikers Prof. Franz Josef Radermacher immer weiter entwickelt wird. Die Resonanz, die dieser systemische Ansatz für die Einführung eines weltweiten Ordnungsrahmens einer ökologischen und sozialen Marktwirtschaft bereits nach kurzer Zeit gefunden hat, ermutigte mich, dass die Zeit auch für einen systemischen Ansatz für einen fairen Welthandel, also für ein Global Fair Trade-System, reif sein könnte. Ich entschied mich, meine Überlegungen im Rahmen und im Netzwerk der Global Marshall Plan Initiative weiter zu konkretisieren. Die Idee zu diesem Buch war damit geboren. Es sollte sich einordnen in eine bereits begonnene Reihe von »Reports an die Global Marshall Plan Initiative«, die zentrale Einzelaspekte für einen Global Marshall Plan weiter vertiefen.

Ein wesentliches Merkmal der Global Marshall Plan Initiative ist ihre konstruktive Einbeziehung von ökonomischem Sachverstand und der Wirtschaft insgesamt in die Entwicklung ihrer Konzepte. Der erste Wirtschaftsverband, der sich formell dieser Initiative anschloss, war der Bundesverband für Wirtschaftsförderung und Außenwirtschaft (BWA), bei dem Prof. Radermacher 2005 zum Präsidenten benannt wurde. Nachdem ich meine Konzepte für ein Global Fair Trade-System dem BWA-Sprecher und Generalsekretär des Global Economic Network, Peter Spiegel, erläuterte, erhielt ich einige Zeit darauf die Einladung, am ersten »Vision Summit« teilzunehmen, der für Anfang Juni 2007, unmittelbar vor dem G8-Gipfel in Deutschland, in Berlin geplant war. Ich war dort für den »Vision Award« nominiert worden, der an die Repräsentanten von zehn ausgewählten Konzepten für eine bessere Gestaltung der Globalisierung verliehen wurde, unter anderem auch an den Friedensnobelpreisträger und Gründer der Kleinkreditbank Grameen aus Bangladesch, Muhammad Yunus.

Ermutigt durch diese raschen Bestätigungen entstanden die ersten Textvorlagen, die Eingang in dieses Buch gefunden haben und die den Patmos Verlag die Entscheidung treffen ließen, dieses in einem neuen Verlagssegment zu publizieren, das sich auf eine ethisch reflektierte Globalisierungsgestaltung konzentriert. Der erste Text war ein Interview, das im Rahmen des Vision Summit geführt wurde. Da wir von verschiedenen Seiten das Feedback erhielten, dass dieses die Kerngedanken zum Global Fair Trade-System gut verständlich auf den Punkt bringt, bildet es nunmehr das Eingangs- und Schlusskapitel zu diesem Buch.

Der BWA und sein internationaler Dachverband, das Global Economic Network (GEN), entschieden sich nach dem Vision Summit, das Thema mit ihren Möglichkeiten offensiv weiter zu verfolgen. So ist die Bildung einer Kommission in Vorbereitung, die sich für die konzeptionelle Vertiefung und vor allem auch für die politische Akzeptanz des Konzepts für ein Global Fair Trade-System auf EU-Ebene stark machen soll. BWA und GEN entschieden ferner, die allgemeine Diskussion zur Corporate Social Responsibility (CSR) um die aktive Mitwirkung von Führungskräften der Wirtschaft bei der Entwicklung von Konzepten einer nachhaltigen Gestaltung der Globalisierung zu erweitern. Damit sind konkret solche Konzepte wie den Global Marshall Plan und Global Fair Trade gemeint.

Nachdem auch in der Wirtschaftswissenschaft und in der Politik immer mehr Stimmen nach verlässlichen ökosozialen Standards für die Weltwirtschaft rufen, scheint die Zeit reif zu sein für die Diskussion und hoffentlich auch für eine baldige Umsetzung eines Global Fair Trade-Systems.

Georgios Zervas

Kapitel 1

Die Bilanz der Globalisierung beginnt zu kippen

Interview mit dem Autor aus Anlass des »Vision Summit«

Der Titel des Buches »Transparenz im Welthandel«, lässt darauf schließen, dass etwas am Welthandel nicht in Ordnung, vielleicht sogar nicht legal ist. Was genau ist das Problem?

Das Problem ist nicht eine Frage von Legalität, sondern von Fairness. Was heute im Welthandel abläuft, ist, von den berühmten »schwarzen Schafen« abgesehen, völlig legal und trotzdem absolut unfair.

Wir alle wissen, dass sich das Vermögen der Reichen und insbesondere der Superreichen in wenigen Jahren mehr als verdoppelt hat. Wir wissen auch, dass etwa zwei Drittel der Menschen in der Welt mit weniger als zwei Euro pro Tag auskommen müssen. Dennoch sage ich: Nicht die Reichen der Welt sind das Problem dieser wirtschaftlichen Fehlentwicklungen, sondern das heutige Handelssystem. Es gibt keine globalen Rahmenbedingungen, die alle Unternehmen dazu zwingen, die grundlegenden sozialen und ökologischen Standards, die beispielsweise innerhalb der Europäischen Union gelten, auch in jedem anderen Land der Welt einzuhalten. Wir haben zwar inzwischen globale Standards wie beispielsweise jene der International Labour Organization ILO, der EU, der UNESCO, des Kyoto-Protokolls usw. und diese haben auch Eingang gefunden in Managementsysteme wie SA 8000 (Sozialstandards) oder ISO 14001 (Umweltstandards). Aber wir haben keine wirksamen Kontrollen, dass diese auch von allen Unternehmen eingehalten werden, denn noch ist es den Unternehmen freigestellt, ob sie sich nach diesen Standards zertifizieren lassen oder nicht.

Das System ist also schuld?

Individuell korrektes Verhalten würde das Problem noch lange nicht lösen. Insofern haben wir in der Tat ein Problem auf der Ebene des Systems – des Systems, so wie es sich entwickelt hat. Dieses erlaubt, dass die Reichen und Starken die Armen und Schwachen immer weiter nach unten drücken. Mehr noch: Aufgrund des offenen globalen Konkurrenzkampfs, der auf der globalen Ebene kaum einen gesetzlichen und durch die Gemeinschaft bestimmten Rahmen kennt, *erzwingt* dieses System letztlich immer größere Ungleichheit. Einige Reiche engagieren sich zum Beispiel zwar über Stiftungen, aber die Probleme gehen weit über die humanitäre, philanthropische Ebene hinaus, es geht um ein systemisches Problem. Ein ungerechtes System enthält Milliarden Menschen einen gerechten Lohn vor und raubt ihnen noch mehr von ihrer Würde, indem es sie zu Almosenempfängern macht. Stiftungen können diese systemischen Probleme weder lösen noch kompensieren. Die Konzerne und Milliardäre können dies nicht, solange sie in dem System der ungesteuerten Konkurrenz gefangen sind. Das heutige Handelssystem zwingt sie dazu, für den Mammutanteil der globalen Märkte die niedrigsten Produktionskosten durchzusetzen und ihre vielen Gelder letztlich unproduktiv bei Banken zu deponieren.

Solange die Logik eines falsch laufenden Systems fortwirkt, ist es klar, dass sich die Probleme und ihre Erscheinungsformen bestenfalls verschieben lassen. Es gibt nur systemische Lösungen oder es wird keine Lösungen geben.

Wer ist verantwortlich für die Situation, dass die Umwelt- und Sozialstandards vernachlässigt werden? Die Unternehmer?

Verantwortlich sind wir alle. Auch wir als Konsumenten tragen die volle Mitverantwortung, wenn wir Produkte kaufen, von denen wir ganz genau wissen, dass diese aus Arbeitsverhältnissen mit Hungerlöhnen kommen, für die 14 Stunden gearbeitet werden muss, Kinderarbeit herrscht und auf eine Weise produziert wird, dass die Umwelt zerstört wird. Auch die Europäische Union ist unentschuldbar mitverantwortlich, wenn sie den Import solcher Produkte ohne fairen Handel und ohne Umweltstandards akzeptiert.

Nochmals: Sind nicht auch die Unternehmer verantwortlich?

Nicht alle, aber die meisten Unternehmer stehen in dem Dilemma, möglichst billig und immer billiger produzieren zu müssen, damit sie Aufträge erhalten. In einer solchen Situation stehen die Probleme der Umwelt und der humanen Arbeitsbedingungen nicht im Vordergrund. Auf nationaler Ebene haben sich in vielen Industrieländern im Laufe des 20. Jahrhunderts relativ transparente Regeln mit wirksamen Kontrollen herausgebildet. Auf globaler Ebene herrscht hier ein Vakuum, das selbst die sozialen und ökologischen Ziele, die auf nationaler Ebene mühevoll erreicht wurden, wieder bedroht.

Was müsste sich an der Situation im Welthandel ändern?

Es müsste endlich Transparenz für faire Handelsstandards geben. Damit meine ich auf der einen Seite die schrittweise Durchsetzung transparenter ökosozialer Rahmenbedingungen für alle, die am Welthandel teilnehmen möchten. Und auf der anderen Seite bedarf es eines neuen funktionierenden Handelssystems, in dem wirksame Kontrollen im Turnus stattfinden.

Der Schlüssel zur Transparenz in der Weltwirtschaft und damit auch zur Wettbewerbsneutralität für alle in ihr tätigen Akteure liegt in der Einführung eines Global Fair Trade-Systems. Als Meilenstein für einen fairen Welthandel schlage ich konkret vor: Ab einem festgelegten Zeitpunkt, beispielsweise ab 1. 1. 2010, darf ein Unternehmen am Handel mit der Europäischen Union nur noch dann teilnehmen, wenn es zuvor das Global Fair Trade-Zertifikat erworben hat, und dieses ist mit dauerhaft wirksamen Kontrollen verbunden. Wenn die EU ein solches System einführt, wird es letztlich den gesamten Welthandel verändern.

Die Europäische Union hat mit ihrer Wirtschaftsmacht von nahezu 50 Prozent Anteil am Welthandel – 44 Prozent bei Waren und 52 Prozent bei Dienstleistungen – die Kraft, solche Rahmenbedingungen für fairen Handel durchzusetzen. Kein globaler Wettbewerber kann es sich leisten, den Markt der Europäischen Union außen vor zu lassen. Hier muss Europa mit seiner Philosophie und Erfolgsgeschichte einer ökosozialen Marktwirtschaft Vorbildfunktion für die Welt übernehmen.

Die Kernidee ist einfach: Die EU soll, basierend auf den bereits bestehenden Managementsystemen von SA 8000 und ISO 14.001, das Global Fair Trade-Zertifikat vergeben und die Einhaltung von dessen Standards mit Hilfe von Exekutivpartnern kontrollieren.

Haben wir heute also keinen fairen Handel?

Wir haben in der Praxis einen freien Handel, und genau deshalb gerät die Weltwirtschaft aus dem Gleichgewicht. Solange das Problem einer echten Wettbewerbsneutralität nicht gelöst ist, haben wir keinen fairen Handel, denn unfairer Wettbewerb unter völlig ungleichen Wettbewerbsbedingungen kann zwar ein »freier« Wettbewerb sein, der aber zugleich in höchstem Maße ungleich, unsozial und unökologisch ist und damit zutiefst unfair.

Es gibt bereits Produkte auf dem Markt mit dem Label
»Fairer Handel«.

Es gibt Unternehmer und Handelsketten, die aus Überzeugung, und andere, die eher aus Imagegründen einige Artikel führen, die als »Fair Trade« bezeichnet werden. Doch der heutige so genannte »Faire Handel« ist gleich in mehrfacher Hinsicht höchst defizitär. Zum einen betrifft er nur einen verschwindenden Anteil der Produkte. Zum zweiten definiert jeder die Kriterien für »Fairen Handel« nach eigenen und damit unterschiedlichen Kriterien. Es gibt keine einheitlichen Regeln. Und zum dritten existieren keine wirklich wirksamen Kontrollen, die beispielsweise von der Europäischen Union beauftragt und beaufsichtigt werden.

Warum funktioniert der faire Handel heute nicht? Es gibt dafür doch
Bestimmungen seitens der Welthandelsorganisation WTO.

Im System der WTO liegen heute die größten Probleme für einen funktionierenden fairen Welthandel. Die WTO-Vereinbarungen sichern heute viel zu einseitig nur den Freihandel. Die WTO berücksichtigt nicht mit gleicher exekutiver Gewalt die sozialen Standards, die beispielsweise bei der ILO vereinbart wurden, oder die Umweltstandards, die über das Umweltprogramm der Vereinten Nationen (UNEP) festgelegt wurden.

Bei der WTO herrscht kein Gleichgewicht zwischen sozialen und ökologischen Standards einerseits und Freihandelsstandards andererseits.

Wirtschaft und WTO behaupten, dass soziale und ökologische Standards zu Wettbewerbsverzerrungen führen.

Tatsache ist, dass gerade ungleiche ökosoziale Standards in den verschiedenen Ländern der Welt die schlimmste Form von Wettbewerbsverzerrung darstellen: Nicht die Einführung gleicher oder vergleichbarer ökosozialer Standards wäre eine Wettbewerbsverzerrung; diese besteht vielmehr genau darin, dass es keine allgemein gültigen Standards gibt.

Warum lassen sich solche Standards bei der WTO nicht einfach durchsetzen?

Bei der WTO herrscht das Konsensprinzip. Das bedeutet in der Praxis, dass dort keine Entscheidung gegen den Willen der mächtigen Industriestaaten und insbesondere gegen den Willen der USA durchgesetzt werden kann. Das vorhandene Machtungleichgewicht in den heutigen internationalen Organisationen stabilisiert gerade die *vorhandenen* Wettbewerbsverzerrungen zugunsten der starken Länder, anstatt zu fairer Wettbewerbsneutralität zu führen. Die aktuellen Welthandelsrunden und deren vorläufiges Scheitern bestätigen nur, dass das heutige System nicht wettbewerbsneutral funktionieren kann. Nur sind heute die aufstrebenden Länder aus dem Süden nicht länger bereit, ihrerseits neuen Vereinbarungen zuzustimmen, wenn sie nicht überzeugt sind, dass diese fair sind. Damit wird das alte unfaire System nicht überwunden und ein neues faires kann sich nicht durchsetzen.

Pascal Lamy, der WTO-Chef, spricht dies selbst in aller Offenheit und enttäuscht aus:»Wir sind gebunden an die Interessen unserer Mitglieder.« Alle Verhandlungen folgen nur einer Maxime:»Was ist gut für unsere Region.« Er bringt das Problem der Selbstlähmung auf den Punkt:»Wir haben globale Probleme und lokale Regierungen.«

Was könnte ein Lösungsweg aus dieser Situation sein?

Wir brauchen ein System, das unabhängig ist von den Interessen einzelner Nationen, durch das jedes einzelne Unternehmen gezwungen wird, die gleichen Rahmenbedingungen einzuhalten. Die Europäische Union hat ein fundamentales Interesse an der Durchsetzung solcher Regeln:

Wenn ein Unternehmer aus Asien, Afrika oder auch aus Europa die Umweltschutzvorschriften nicht einhält und Menschen ohne Beachtung von sozialen Mindeststandards beschäftigt, dann hat er auf dem immer offener werdenden Weltmarkt einen klaren Kosten- und damit Wettbewerbsvorteil gegenüber jedem Unternehmer aus der EU, der diese Vorgaben in seiner Produktion berücksichtigen muss. Die Wettbewerbsneutralität ist damit eindeutig verletzt.

Gerade mit Berufung auf das WTO-Gebot der Wettbewerbsneutralität sollte die EU daher alles daran setzen, ein neues Verhältnis von Wettbewerbsneutralität durchzusetzen: Wettbewerbsneutralität ist, wenn für alle Unternehmer dieselben Kernstandards gelten.

Vorherrschend ist heute jedoch noch die Meinung, dass Wettbewerbsneutralität nach den WTO-Regeln bedeute: Kein Land habe das Recht, Maßnahmen zu ergreifen, die exterritorial, also auch außerhalb des eigenen Landes, gelten.

In der Praxis entschied die WTO-Gerichtsbarkeit bisher in diese Richtung, so beispielsweise beim bekannten Delphin/Thunfisch- und dem Shrimps/Schildkröten-Fall. Entsprechende Versuche – in diesen Fällen der USA –, Delphine und Schildkröten zu schützen, schlugen vor den WTO-Gerichten fehl.

Was wir vorschlagen, ist jedoch etwas völlig anderes. Hier geht es gerade *nicht* um Standards, die *ein Land* durchsetzen will, sei es aus echter Sorge um die Umwelt, sei es, um letztlich doch nur die eigene Wirtschaft vor ausländischer Konkurrenz zu schützen. In solchen Fällen ist die Grenze zwischen berechtigten Anliegen und handelsbeschränkendem Protektionismus sehr schnell verwischt. Der WTO-Widerstand gegen solche länderbezogenen Vorstöße ist daher zwar manchmal ein klarer Schaden für die Umwelt, aber aus Gründen der Wettbewerbsneutralität nachvollziehbar.

Wir schlagen daher ganz bewusst vor, *international längst anerkannte Standards* zur *wettbewerbsneutralen Durchsetzung* zu bringen – und dies durch ebenfalls *international längst anerkannte Managementsysteme*. Hierfür lohnt es sich vor dem WTO-Panel einzustehen und nötigenfalls auch Klagen vor den WTO-Gerichten durchzustehen. Welche Argumente könnten gegen ein solches Verständnis des WTO-Gebots der Wettbewerbsneutralität ernsthaft vorgebracht werden? Auf diesem Wege kann das, was WTO-Chef Pascal Lamy längst fordert, in die Praxis umgesetzt werden: »Wichtig für das richtige Funktionieren von Märkten ist vor allem die volle Inkorporierung aller externen Kosten und Effekte in den Markt.«

Es geht also bei Ihrem Vorschlag nicht doch um Protektionismus für Europa?

Nehmen wir zwei Beispiele: Die Europäische Union will derzeit die Konkurrenz der chinesischen Stahlindustrie durch bestimmte Maßnahmen in gewisse Grenzen weisen. Gleichzeitig wurden Beschränkungen für die Einfuhr von Energiesparlampen aus China verlängert. Beides sind Maßnahmen, die man durchaus als Protektionismus sehen kann.

Wenn nach dem Vorschlag des Global Fair Trade-Systems die entsprechenden chinesischen Unternehmen die geforderten Standards nach ISO 14001 und SA 8000 einhalten, die ja auch die europäischen Unternehmen einhalten müssen, dann hat dies nichts mit Protektionismus zu tun, sondern mit wettbewerbsneutralen internationalen Standards bei offenen Märkten. Halten sie die Standards ein, muss die europäische Konkurrenz damit zurechtkommen. Halten sich chinesische oder auch europäische Unternehmen nicht an diese Standards, dann dürfen nach dem Global Fair Trade-System beide nicht innerhalb der EU Handel treiben. Das Global Fair Trade-System ist also der systemische Ausstieg aus Protektionismus.

Was genau soll ein EU-Beschluss zugunsten eines fairen und wettbewerbsneutralen Handels vorschreiben?

Die Europäische Kommission ist zuständig für Handelsregeln und kann beispielsweise folgende EU-Verordnung erlassen: »Alle Produkte, die in die EU eingeführt werden sollen, benötigen ab 1. 1. 2010 eine Zertifizierung seitens der EU, sie benötigen ein Global Fair Trade-Zertifikat.«

Gibt es international anerkannte Zertifizierungs- und
Managementsysteme, die geeignet sind, durch das
Global Fair Trade-System sozusagen »globalisiert« zu werden?

Für die Global Fair Trade-Zertifizierung schlage ich konkret die Anwendung der sozialen Standards von SA 8000 und der Umweltstandards von ISO 14001 vor. Diese Managementsysteme integrieren alle wichtigen über die vergangenen Jahrzehnte entwickelten Standards wie beispielsweise auch die Durchsetzung von Mindestlöhnen und sie erlangten zudem die beste internationale Anerkennung.

Durch das Global Fair Trade-System wären diese nicht mehr nur freiwillige Standards, sondern globale Rahmenbedingungen für alle. Die sozialen Standards von SA 8000 sollten spätestens ab 1. 1. 2010 verbindliche für das sogenannte Global Fair Trade Silber-Zertifikat werden und die Umweltstandards von ISO 14 001 für das sogenannte Global Fair Trade Gold-Zertifikat ab 1. 1. 2015. Damit hätten alle eine angemessene Umstellungszeit. Weil soziale Standards schneller zu erfüllen sind, sollten diese entsprechend früher verbindlich werden. Aber jedes Unternehmen sollte motiviert sein, beide Standards für ihre Produkte so früh wie möglich zu erfüllen, um mit den Silber- und Gold-Zertifikaten so früh wie möglich für ihre ökosoziale Glaubwürdigkeit werben zu können.

Sollte es nicht besser einen »Wettbewerb der Standards« geben?

Wenn wir keine *gemeinsamen* Standards haben, können sich die höheren Standards nicht lange halten oder sie erreichen nur sehr überschaubare Märkte, weil zum Beispiel ein Mitbewerber eine ähnliche CSR-Strategie verfolgt, allerdings mit niedrigeren Standards – was der Konsument jedoch nicht so leicht erkennen kann – und dadurch entsteht erneut das Problem mangelnder Wettbewerbsneutralität, zumindest was die Standards betrifft.

Ein weiteres Problem bei unterschiedlichen Standards der Wettbewerber am Markt ist die unterschiedliche »Vermarktung« der von ihnen gesetzten Standards. So kann es sein, dass ein Unternehmen, das mehr Geld in die geschickte Vermarktung seiner eigentlich geringeren Standards investiert, am Markt besser ankommt als eines, das sein Geld in höhere Standards investiert.

Wie soll die Durchsetzung einer solchen EU-Verordnung aussehen?

Für eine überzeugende Zertifizierung, die einen breiten Durchbruch von sozialen und ökologischen Standards bewirken soll, brauchen wir zunächst eine zentrale EU-Vergabestelle. Diese muss für jedes Produkt, das in der EU gehandelt werden soll – gleichgültig ob dieses innerhalb oder außerhalb der EU hergestellt wurde –, eine Zulassung erteilen. Die Zulassung wird vergeben auf der Grundlage des Managementsystems für soziale Standards SA 8000 und des Managementsystems für Umweltstandards ISO 14 001. Wer das SA 8000-Zertifikat vorweisen kann, erhält das Global Fair Trade Silber-Zertifikat, wer zusätzlich auch das ISO 14 001-Zertifikat erworben hat, erhält das Global Fair Trade Gold-Zertifikat. Die Aushändigung dieses Global Fair Trade-Zertifikats bestätigt die Zulassung ihrer so zertifizierten Produkte für den EU-Markt. Entsprechend des Silber- beziehungsweise Gold-Zertifikats können und müssen diese Unternehmen auf ihren zertifizierten Produkten das Global Fair Trade-Label in Silber oder Gold anbringen. Dieses Label könnte wie folgt aufgebaut sein:

Jedes Produkt erhält eine Zertifizierungsnummer, die auf einem Etikett auf jedem Produkt mitgedruckt wird. Dieses dient zur effizienten Kontrolle. Vor der neunstelligen Ziffer für das jeweilige Produktionsunternehmen steht der zweistellige Ländercode, also beispielsweise »US« für USA oder »CZ« für Tschechien. Nach dem neunstelligen Unternehmenscode folgt ein weiterer vierstelliger Code, der die Unternehmenssparte anzeigt, der so genannte HS-Code. Mit einem solchen insgesamt fünfzehnstelligen Code wären theoretisch bis zu 1000 Millionen Unternehmen der Welt identifizierbar.

Wie stellt dieses Zertifizierungssystem dann Transparenz im Welthandel her?

Selbstverständlich dient eine solche Identifikationsnummer vor allem der Transparenz, dem professionellen Controlling durch die EU. International anerkannte Zertifizierungsunternehmen sorgen im Namen der EU für die Einhaltung der im Zertifikat vorgegebenen Standards. Es gibt bereits genügend praktische Erfahrungen mit anderen Zertifikaten, beispielsweise mit dem Öko-Tex-Zertifikat. Sie funktionieren, was das

Handling der Identifikation von zertifizierten Unternehmen beziehungsweise Produkten betrifft, ohne besonderen Verwaltungsaufwand.

Damit die EU eine solche Zertifikatsnummer vergeben kann, braucht sie einen Nachweis für die Einhaltung der geforderten Standards.

Es existieren bereits zahlreiche international anerkannte Prüfinstitute, die solche Prüfungen vornehmen. Generell wird heute ein Zertifikat für drei Jahre vergeben, ein jährlicher Check inbegriffen. So ist heute die Praxis bei ISO 9001, die Norm für Qualitätsmanagement. Die EU kann mit solchen Instituten Vereinbarungen treffen, dass diese jedes Unternehmen auf die geforderten Standards hin überprüfen, sobald ein derartiger Antrag von einem Unternehmen bei der EU eingereicht wurde *(Muster für diesen Antrag sowie die Global Fair Trade-Zertifikate und Label finden sich im Anhang dieses Buches)*. Ich schlage die Managementsysteme SA 8000 und ISO 14 001 vor, weil diese alle wichtigen Standards enthalten und sich bereits weltweit bewährt haben. Im Unterschied zu heute wären sie durch die Einführung des Global Fair Trade-Systems dann jedoch nicht mehr freiwillig, sondern Pflicht im gesamten Handel innerhalb und mit der EU.

Es gibt genügend Labels auf dem Markt, welche auf solche Standards hinweisen.

Die bisherigen Labels sind ein weiteres großes Problem für den Konsumenten und für die Kontrolle. Sie sind nicht einheitlich und damit insbesondere nicht wettbewerbsneutral. Jedes Prüfinstitut hat seine eigenen Kriterien und bewertet dementsprechend anders. Die Standardisierung der Prüfaufträge und der Prüfverfahren für die zum Beispiel von der EU geforderten sozialen und ökologischen Standards für alle Produkte, die in die EU geliefert werden dürfen, kann nur über eine zentrale Stelle wie die EU erfolgen. Wichtig ist die Kontrolle durch unabhängige, von der EU anerkannte Institute – nicht durch lokale Instanzen. Diese wären viel zu anfällig für Korruption.

Was ist mit dem EU-Zeichen »CE«, das für Sicherheit und EU-Konformität steht?

Dieses Zeichen gewährleistet weder Sicherheit noch Konformität. Jedes Gesetz und jede Empfehlung der EU, die nicht wirksam kontrolliert werden, werden oft missbraucht. Das CE-Kennzeichen ist das ungeprüfte Versprechen des Herstellers, EU-Rechte einzuhalten. Die Praxis aber bestätigt, dass dieses Zeichen an Bedeutung verloren hat, weil dem Verbraucher beim Bruch des CE-Versprechens nur das Recht bleibt, auf Schadensersatz zu klagen – ein Recht, das er sowieso hätte.

Was ist das Neue an dem in diesem Buch vorgestellten Konzept einer Global Fair Trade-Zertifizierung beziehungsweise eines Global Fair Trade-Zulassungssystem?

Der Vorschlag erzeugt ein funktionierendes faires Handelssystem, in dem jeder Unternehmer die Spielregeln kennt und mit diesen für seine Produkte verlässlich kalkulieren kann. Die Zertifikatsnummer selbst ist nicht die Lösung, aber sie schafft die Voraussetzung zur Lösung, sie ist das Mittel für wirksame Kontrollen, weil sie für Transparenz sorgt. Wenn neben dem Kontrollsystem auch die zu kontrollierenden Standards stimmen, wenn also auch diese den Prinzipien einer humanen und nachhaltigen Entwicklung entsprechen sowie einer fairen Wettbewerbsneutralität – was bei SA 8000 und ISO 14 001 der Fall ist –, dann haben wir ein funktionierendes neues und faires Welthandelssystem.

Inwiefern hilft dieser Vorschlag beispielsweise auch den Bauern in Afrika, Asien und Lateinamerika?

Die Standards von SA 8000, die vor der Vergabe einer Zertifikatsnummer für ein Produkt geprüft werden, beziehen sich auf die gesamte Wertschöpfungskette eines Produkts bis zurück zum Beispiel zu den Bauern in Kolumbien. Also auch auf der allerersten Wertschöpfungsstufe wo auch immer in der Welt muss geprüft sein, ob das entsprechende Unternehmen die Bauern, von denen es seine Produkte erhält, angemessen bezahlt.

Und wer definiert, was jeweils vor Ort angemessen ist?

Die Frage führt zu einer Schlüsselproblematik. In der Tat ist die Situation heute für viele Millionen Bauern, Tagelöhner und Industriearbeiter rund um den Erdball katastrophal, weil der »freie« Welthandel ihnen absolut keine Sicherheiten bietet, nicht einmal für die allergeringsten Standards einer menschenwürdigen Arbeit und Entlohnung ihrer Arbeit. Im Gegenteil: Die »Freiheit« des Welthandels presst mehr als eine Milliarde Menschen in einen Zustand, in dem sie eher noch weniger verdienen, als es ohnehin schon unerträglich war.

Wie kann man prüfen, ob Genossenschaften tatsächlich Mindestlöhne bezahlen?

Das SA 8000-Zertifikat wird an eine Genossenschaft dann vergeben, wenn aufgrund des Preises, den die Bauern erhalten, eine angemessene Entlohnung bleibt, damit diese in Würde leben können. Die Entlohnung bezieht sich dabei bewusst auf den Einzelnen und nicht auf die Familie.

Heute ist es gängige Praxis, dass man einer Familie eine Entlohnung bezahlt, wobei stillschweigend einkalkuliert ist, dass Opa, Oma und Kinder mitarbeiten müssen, um die geforderte Leistung einhalten zu können. »Mindestlöhne« für Familien gerechnet sind ein Trick, um die Mindestlöhne für jeden Einzelnen weit zu unterschreiten. Bei der Zertifizierung nach SA 8000 müssen alle Personen in der Rechnung zur Bestimmungen des Mindestlohns einzeln berücksichtigt sein, und Kinderarbeit darf auf keinen Fall zugelassen werden. Angemessene Entlohnung, also die Festsetzung von Mindestlöhnen und Mindestpreisen für Arbeiter und Bauern, bezieht sich dabei auf die Entlohnung pro Stunde, nicht pro Monat. Damit wird ausgeschlossen, dass ein Arbeiter mehr als die für die Berechnung des Mindestlohns pro Monat vorgesehene Stundenzahl ohne besondere Entlohnung zusätzlich arbeitet. Heute werden in den meisten Entwicklungsländern teilweise mehr als 250 Stunden pro Monat gearbeitet – mehr als 60 Stunden pro Woche und damit die Entlohnung pro Stunde indirekt auf nahezu die Hälfte reduziert.

Was sollen hier die WTO-Runden bewirken?

Die letzten WTO-Konferenzen standen unter dem Zeichen der so genannten Doha-Runde, die im Jahr 2001 begann. Es sollte dies eine so genannte Entwicklungsrunde werden mit dem klaren Ziel, die Handelsbedingungen für die ärmsten Länder und die ärmsten Menschen zu verbessern. Das vorläufig letzte Treffen dieser Runde endete erneut mit einem vollständigen Scheitern. Und selbst wenn man die Entscheidung getroffen hätte, die Grenzen der Industrieländer weiter zu öffnen für die Produkte der Bauern aus Asien, Afrika und Lateinamerika, so waren bei der Doha-Runde zu keinem Zeitpunkt Garantien für Mindestlöhne im Gespräch. Also selbst bei einem vermeintlichen Erfolg der so genannten Entwicklungsrunde hätte es sein können, dass die Bauern nachher noch ärmer gewesen wären. Der ruinöse Dumpinglohnwettbewerb bei grenzoffenen Produkten wie beispielsweise Kaffee zeigt, dass offene Grenzen allein noch keine Lösung sind.

Bedeutet dies, dass die Förderung des Welthandels doch nicht der beste Weg zur Selbsthilfe ist?

Welthandel ist der beste Weg zur Selbsthilfe und zu mehr Wohlstand. Aber nicht der freie Welthandel. Ein »nur« freier Welthandel kann die Probleme sehr leicht sogar noch weiter verschärfen. Was nutzt es dem Bauern in Indien, wenn er für 1 Kilo Baumwolle weniger als 10 Euro-Cent bekommt?

Wie kann man fairen Handel beispielsweise für Agrarprodukte gestalten?

Indem die WTO beziehungsweise die EU für jedes Land angemessene Mindestpreise für Agrarprodukte vorschreibt. Damit würde nur eine Praxis, die für die Landwirte in den Industrieländern wie Deutschland oder die USA eine Selbstverständlichkeit ist, auf alle Länder ausgeweitet. Die europäischen und die US-amerikanischen Bauern erhalten Mindestpreise, damit ihre Existenz geschützt ist. Warum muss 1 Kilo Kaffee oder 1 Kilo Bananen denn derart schlecht bezahlt werden? Der Konsument in Europa zahlt für Agrarprodukte aus der EU anstandslos die festgelegten Mindestpreise. Warum sollte dies nicht auch für Agrarprodukte aus Ländern gelten, bei denen sich länderbezogen faire Mindestpreise sehr viel weniger auf den Endpreis im Laden auswirken würden?

Mindestpreise bedeuten aber einen Eingriff in die freie Marktwirtschaft!

Nein, keineswegs! Die Mindestpreise werden in der EU-Landwirtschaft so festgesetzt, dass die Bauern dadurch ein Mindestmaß an sozialer Sicherheit erhalten und beispielsweise auch, damit sie nicht zu reinen Monokulturen Zuflucht nehmen, was keineswegs im wirtschaftlichen Interesse eines Landes wäre und ebenso wenig im Interesse seiner Ökosysteme. Nach oben werden die Preise auch bei der Festsetzung von Mindestpreisen uneingeschränkt nach den Marktregeln gehandelt, also nach den Gesetzen von Angebot und Nachfrage.

Würden durch derartige Mindestpreise für Agrarprodukte aus dem Süden dann nicht die Bauern in Europa gefährdet?

Nein. In Europa wachsen kaum Bananen und kein Kaffee. Jedes Land und jede Region nutzt seine jeweiligen besonderen Stärken. So wachsen beispielsweise Oliven nur in der Mittelmeerregion. Und wenn es Überschneidungen gibt, dann werden diese vom Markt selbst geregelt. Wichtig ist, dass die Bauern aus den ärmsten Ländern faire Preise erhalten und nicht nur freien Zugang zur Europäischen Union, was noch immer von vielen als alleinige Lösung des Problems propagiert wird.

Ist das Problem für die Bauern aus diesem Teil der Welt gelöst, wenn man Subventionen etwa in der EU abschafft?

Keineswegs. Wir müssen von Seiten der EU und mit Hilfe der WTO den Bauern eine Mindestpreisgarantie für ihre Produkte geben, damit sie aus der Armutsspirale herausfinden können. Und wir müssen ihnen zusätzlich mit Krediten helfen, sich zu modernisieren. Solche Kredite können beispielsweise von der EU vergeben werden als eine neue Ausrichtung der Entwicklungshilfe entsprechend den Erfahrungen der Grameen Bank.

*Können Sie praktische Beispiele anführen, wo ein solches Zertifi-
katesystem in ähnlicher Weise bereits erfolgreich funktioniert?*

Das Schweizer Handelsunternehmen Coop vertreibt heute bereits unter
anderem Textilien nach dem Prinzip des vorgeschlagenen Global Fair
Trade-Systems. Die Herstellung der dafür geschaffenen Produktmarke
»naturaline« wird schon heute durch ein Zertifizierungsunternehmen
kontrolliert, und zwar nach folgenden Kriterien:

»Respekt gegenüber Mensch und Natur und ausgezeichnete Hautver-
träglichkeit für Sie. Unser Handeln orientiert sich konsequent an sozialen
und ökologischen Kriterien.

Sozial bedeutet:
• faire Preise
• menschenwürdige Arbeitsbedingungen
• langfristige Zusammenarbeit mit Abnahmegarantien
Ökologisch bedeutet:
• biologisch angebaute Baumwolle, keine Monokultur
• im Herstellungsverfahren mit Sauerstoff gebleicht (ohne Chlor)
• ohne toxische Schwermetalle gefärbt bzw. bedruckt
• ohne Formaldehyd ausgerüstet«

Wie läuft dies in der Praxis ab?

In diesem Fall kontrolliert Coop zum Beispiel die Produktionskette von
Spannbetttüchern auf ihre Fair-Trade-Kriterien.

Das Handelsunternehmen lässt das Produkt in Griechenland produzieren. Der griechische Hersteller kauft für dieses Produkt die Baum-
wollgarne aus Indien. Coop lässt sämtliche Unternehmen, die an diesem
Produkt beteiligt sind, also auch Unternehmen in Indien, über ein unab-
hängiges Zertifizierungsinstitut nach den oben genannten Kriterien überprüfen.

Was genau wird geprüft?

Der Schweizer Handelspartner muss zunächst auch im eigenen Unternehmen die ökologischen und sozialen Kriterien erfüllen. Hier sind ihre
Einhaltung und Kontrolle einfach. Der Hersteller in Griechenland muss

in seinem Betrieb gegenüber seinen Mitarbeitern die sozialen Standards, die von der Regierung vorgeschrieben sind, erfüllen und er muss die aus der Produktion anfallenden Abwässer umweltgerecht entsorgen. Umweltgerecht heißt hier entsprechend den in Griechenland geltenden Gesetzen und Vorschriften.

Wie aber sehen die gesetzlichen Standards in Indien aus?

Das real existierende Modell der Coop-Gruppe, von dem wir hier sprechen, ist rundum ein Erfolgsmodell. Den Baumwollbauern geht es viel besser als ihren Nachbarn, weil sie pro Kilo Baumwolle fast das Doppelte dessen erhalten wie ihre Kollegen in der gleichen Region. Sie erfüllen dafür gleichzeitig die Verpflichtung, auf die Natur zu achten, das heißt zum Beispiel, sie bauen nicht in Monokulturen an und verwenden keine nicht zugelassenen Pestizide.

Dann wird das Produkt aber erheblich teurer – oder?

Dieser minimale Aufpreis von ein paar Euro-Cent pro Kilo Baumwolle verteuert das Produkt über die Handelsstufen hinweg bis zum Endpreis für den Kunden in Europa minimal. Angesichts der für diesen Preis auch gestiegenen Qualität und vor allem der besseren »Öko- und Sozialbilanz« des Produkts spielt die damit verbundene Preiserhöhung insgesamt keine Rolle. Der Endverbraucher hat also deutlich mehr Vorteile. Die Fair-Trade-Produktlinie wurde aufgrund der überzeugend mitgelieferten Argumente von den Konsumenten in der Schweiz sehr positiv aufgenommen. Die Umsatzentwicklungen in den letzten 10 Jahren sind der beste Beweis für den Erfolg dieses Konzepts. Die Nachfrage nach diesen Produkten ist kontinuierlich gestiegen.

Werden die Kriterien auch eingehalten?

Die Kontrolle der eingegangenen Verpflichtungen ist die Aufgabe von Zertifizierungsfirmen wie beispielsweise dem Bureau Veritas Quality International oder der SGS, die Partner überall in der Welt haben. Die Bauern gehen die Verpflichtungen einschließlich der Überprüfungen gern ein, obwohl sie Gefahr laufen, aus der Genossenschaft ausgeschlossen zu werden, wenn sie die Standards nicht einhalten, denn sie erhalten von der Genossenschaft viele weitere Vorteile z. B. bessere Entlohnung. So vergibt die Genossenschaft an die Genossenschaftsbauern zinslose Kredite, die von der Coop-Stiftung gefördert werden, sie erhalten medizinische Unterstützung und junge Menschen werden ausgebildet, damit die Produkte besser werden und bessere Produktivität erzielt wird. Allgemein hat die Erfahrung gezeigt: Finanzielle Bestrafungen bei Verstoß gegen die gesetzten Standards bewirken wenig, aber der Entzug der Zulassung erweist sich als ein äußerst wirksames Disziplinierungsmittel, oder, positiv gesprochen, als Mittel zur Anhebung der Standards.

Wie war die Situation für die Bauern vor Einführung dieses Systems?

Sie haben die Baumwolle – wie alle anderen Bauern auch – zu einem minimalen Preis an die lokalen Händler und Agenten verkauft, die wiederum im Auftrag von indischen Spinnereien oder Großkonzernen einkaufen. Diese bezahlen den Bauern einen Preis, der so gerechnet ist, dass es gerade noch für das Essen reicht, vorausgesetzt, die Wetterverhältnisse spielen während der gesamten Ernte mit. Die Bauern verschulden sich, um bei den Agenten das Saatgut und die Pestizide kaufen zu können. Die meisten Bauern erhalten keine Kredite von den Banken. Damit sind sie in voller Abhängigkeit von den Agenten und müssen ihre Produkte zu einem minimalen Preis verkaufen.

Spielt das Wetter nicht mit, haben wir die tragische Situation, dass die Bauern in eine ausweglose Verschuldungsfalle tappen oder in die Großstädte abwandern oder Selbstmord begehen, weil sie keine Hoffnung mehr haben. Väter verlassen ihre Familien, weil sie sich als Verschuldete nicht mehr in der Sippe zeigen können. Dieses Phänomen hat in Indien sehr stark zugenommen.

Sind Länder wie Indien oder China überhaupt an einem fairen Handel interessiert? Wenn es um die Beseitigung unfairer und unmenschlicher Produktionsbedingungen, zum Beispiel in China, geht, läuft das in der Regel so ab: Die deutsche Wirtschaft gibt den Vertretern der Bundesregierung eine lange Liste von Klagen mit auf ihre Rei-

sen nach China, um diese dort medienwirksam zu überreichen. Was bringt dies?

Die Chinesen werden diese Liste höchstens aus Höflichkeit zur Kenntnis nehmen. Ändern wird sich kaum etwas. Solange ihre Interessen auf einen möglichst starken Zugang zum Weltmarkt gerichtet sind, stehen ein fairer Wettbewerb und humane Arbeitsbedingungen nicht hoch im Kurs. Im Gegenteil. Daran ändert auch der Beitritt der Chinesen zur WTO wenig. Wie leicht formale Verpflichtungen unterlaufen werden können, zeigt das Beispiel des Umgangs mit der Verpflichtung zur Marktöffnung: In der Praxis lässt man sich einfach andere Handelshemmnisse einfallen, die zum Buchstaben der WTO-Verträge nicht im Widerspruch stehen. Anstelle von Zöllen werden dann von chinesischer Seite eben besondere Bedingungen zur Zulassung für EU-Produkte ins Spiel gebracht.

Inwiefern wäre ein Global Fair Trade-System dann eine bessere Lösung?

Mit einer Global Fair Trade-Zertifizierung kann die EU aus ihrer sehr starken globalen Marktposition heraus beispielsweise die chinesische Industrie verpflichten, von ihr festgelegte ökosoziale Standards für die Einfuhr von Produkten und Dienstleistungen in die EU einzuhalten. Diese Standards müssen natürlich für alle Unternehmer in der Welt, die in der EU Produkte und Dienstleistungen vermarkten wollen, in gleicher Weise gelten, also auch für jene innerhalb der EU.

Wenn die EU, in Zusammenarbeit mit der WTO, das Global Fair Trade-System einführt, dann gäbe es stattdessen ein System, das den Markt in der gewünschten Richtung auf festgelegte ökosoziale Standards selbst reguliert – auf rechtlicher Basis und mit Sanktionsmöglichkeiten. Bestandteil dieses Systems muss es sein, dass jedes Unternehmen und jeder Wirtschaftsverband berechtigt ist, im Falle unfairer Praktiken Klage bei der EU einzureichen.

Was ist, wenn eine Firma für ihr Produkt ein solches Zertifikat recht-
lich korrekt erworben hat, aber hinter dieser Firma andere Firmen
stehen, die unfair arbeiten?

Ein solcher Missbrauch ist mit dem vorgeschlagenen System nicht so einfach, weil die Zertifizierungsunternehmen für die Überprüfung der definierten ökosozialen Standards verantwortlich sind. Vor allem in Bezug auf die sozialen Standards SA 8000 berücksichtigt das Zerifizierungssystem die gesamte Wertschöpfungskette eines Produkts. Das Produkt jeder beteiligten Firma wird kontrolliert – und damit geht die Kontrolle und Transparenz bis zum Bauern zurück und bis zur Rohstoffgewinnung. Noch einmal: Die ganze Kette wird kontrolliert.

Nun mag man einwenden, dies sei zu komplex, weil manche Produkte Hunderte von Komponenten aus Ländern rund um die Erde enthalten. Der Standard für ISO 9001, bei dem technische Qualitätsmerkmale geprüft werden, belegt, dass dies möglich ist und keine Überforderung der Wirtschaft bedeutet. In der Automobilindustrie müssen über das Endprodukt Auto im Effekt mehr als 1000 Komponenten zertifiziert werden.

Ferner zeigt das Beispiel von ISO 9001: Die nationalen Regierungen aus der so genannten Dritten Welt wehren sich nicht gegen eine solche Zertifizierung für jene Unternehmen in ihrem Land, die in die Industrieländer exportieren wollen. Sie akzeptieren, dass ihre Zulieferfirmen auf die technischen Qualitätsstandards von ISO 9001 zertifiziert werden müssen, bevor sie beispielsweise einen Autokonzern in Deutschland beliefern können, denn anderenfalls würden ihre Firmen keinen Zugang zu diesem Markt erhalten. Die EU muss also lediglich festlegen, dass alle Produkte und Produktkomponenten, die in die EU geliefert werden, nach dem Global Fair Trade-System zertifiziert sind, also nach ISO 14 001 und nach SA 8000. Der Rest funktioniert über die Logik der damit verbundenen Zertifizierungssysteme der betroffenen Unternehmen.

Wie definieren Sie in Ihrem System die Qualität des Produkts?

Heute achtet ein Unternehmer darauf, dass sein Produkt qualitativ in Ordnung ist. Um dies nachzuweisen, erwirbt er das Zertifikat ISO 9001, das die Qualität der Produktionsprozesse bestätigt. Wir brauchen heute eine neue Definition von Qualität. Es muss für jeden Menschen und für jeden Unternehmer zur Selbstverständlichkeit werden, dass jedes Produkt auch die grundlegenden ökologischen und sozialen Standards bei der Herstellung des Produkts erfüllt. Der Faktor Mensch muss in der gesamten Wertschöpfungskette geschützt und berücksichtigt werden und hierfür steht das Zertifikat SA 8000. Ebenso muss der Faktor Umwelt bei der Herstellung eines Produkts beachtet werden und hierfür steht das Zertifikat ISO 14 001.

Bedeutet das Global Fair Trade-System nicht einen erheblichen bürokratischen Aufwand?

Keineswegs. Die EU muss lediglich ein sehr überschaubares Büro einrichten, das die Zertifikatsnummer für das Global Fair Trade-Label vergibt. Diese Stelle muss lediglich prüfen, ob die von den beantragenden Unternehmen vorgelegten Zertifikate von ISO 14 001 und SA 8000 echt sind. Alles weitere wird durch die Zertifizierungsunternehmen geleistet. Der Siegeszug von ISO 9001 und in den letzten Jahren auch von ISO 14 001 belegt, dass der damit verbundene Aufwand für die Wirtschaft verkraftbar ist und nicht nur der Gesellschaft, sondern auch der Wirtschaft selbst sehr viel mehr Sicherheit gibt als eine Situation, in der die technischen, sozialen und ökologischen Risiken nicht abschätzbar sind.

Welche Auswirkungen hat das vorgeschlagene Global Fair Trade-System für die lokalen Märkte?

Es sei hier zwar auch deutlich vermerkt, dass das vorgeschlagene Global Fair Trade-System, wenn es aus pragmatischen Gründen zunächst nur über die EU eingeführt wird, tatsächlich nur für den Teil des globalen Handels Gültigkeit besitzen würde, der mit der EU Handel treibt. Produktionen für die lokalen Märkte in den Schwellen- und Entwicklungsländern ließen sich damit beispielsweise noch nicht unmittelbar kontrollieren. Doch als sozialer Effekt dürften auch viele von diesen sich dem neuen Niveau angleichen, denn sonst würden alle Bauern, die dies könnten, so schnell wie möglich in den Exportsektor abwandern.

Kapitel 2

Der Bumerang: Weltwirtschaft außer Kontrolle

Der entscheidende Gedanke dieses Kapitels sei gleich vorweggenommen: Alle Systeme und alle Konzepte, die dem Maßstab von Fairness und Gerechtigkeit *nicht* genügend entsprechen, werden in der heutigen Welt nicht mehr lange funktionieren. Im Gegenteil: Sie werden sich als gefährlicher Bumerang erweisen. Dies bedeutet für unser Thema: Ein Global Fair Trade-System ist in der tief greifend neuen Weltsituation kein illusionäres Wunschprogramm mehr, sondern schlicht existentiell notwendig, unausweichlich, überfällig und im allerbesten Eigeninteresse nicht nur der aufholenden Länder, sondern gerade auch der westlichen Industrienationen.

Eine der immer zahlreicher werdenden Stimmen, die auf diese entscheidend veränderte Weltsituation hinweisen, kommt von Bernd Ulrich, dem stellvertretenden Chefredakteur der Wochenzeitung *Die Zeit*. Er analysierte anhand der Politik der USA in den vergangenen Jahren, wie und warum eine kurzsichtig an den eigenen Interessen orientierte Weltmachtpolitik fast in Serie bei allen ihren großen strategischen Vorhaben jeweils genau das Gegenteil dessen erreichte, was sie sich vorgenommen hatte. Als Grund für diese Veränderung führt Ulrich den raschen Übergang von der »Drei-Welten-Situation« mit dem überlegenen kapitalistischen Westen, dem immer weiter hinterher hinkenden sozialistischen Osten und dem in der Entwicklung weit abgeschlagenen und abhängigen Süden zur neuen »Vier-Welten-Situation« an. In dieser neuen Weltlage gibt es die *Aufsteiger*, die *Absteiger*, die *Aggressiven* und die weiterhin *Armen*.

Zu den Absteigern zählt Ulrich die demokratischen kapitalistischen Länder, die durch lang anhaltend wachsenden Wohlstand immer mehr verwöhnt und durch demokratisch-lobbyistische Entscheidungsprozesse reform-schwerfällig geworden sind. Die Aufsteiger sind (inzwischen) ebenfalls kapitalistische Länder, die aber vom Aufholwillen stark motiviert sind und oft durch autokratischere Herrschaftsstrukturen schneller und konsequenter Entscheidungen treffen und durchsetzen können. Nicht zuletzt, weil zu dieser Gruppe auch die weitaus bevölkerungsreichsten Länder wie China und Indien zählen, wird deren rapider Machtzuwachs zu einem immer wichtigeren Faktor in der Welt. Sie können die bisherige westliche Dominanz inzwischen zunehmend leichter neutralisieren und geschickt auskontern. Zu den Aggressiven zählt Ulrich eine Reihe der wichtigsten Rohstoffländer, denen bei knapper werdenden Rohstoffen ein neues Machtpotential zuwächst. Und die Armen werden sowohl von den Aufsteigern als auch den Aggressiven umworben. Das bedeutet für den Westen: »schwierige Feinde, starke Konkurrenten, knappe Energie, hohes Entwicklungstempo«.

In einer solchen neuen Welt »werden wir Fairness noch sehr nötig haben«, resümiert Bernd Ulrich. Wir werden eine Politik bitter nötig haben, die »den Rest der Welt respektiert, die versucht, fair zu sein und weniger mit doppelten Standards zu arbeiten«, so Ulrich in einem Beitrag zu dem Buch *Die Macht der Würde*, in dem kritische und visionäre Zeitgenossen anlässlich des Deutschen Evangelischen Kirchentags 2007 die Rolle von globalen Werten im Zeitalter der Globalisierung diskutierten. Bill Clinton spitzt die Perspektive einer Welt jenseits westlicher Durchsetzungsmacht der eigenen Ideale und der eigenen, oft wenig gerechten Interessenlagen zu, indem er meint, wir hätten nur noch ein schmales Zeitfenster, »um die Welt so ordnen zu helfen, dass wir darin auch noch leben möchten, wenn die Hegemonie des Westens endgültig verschwunden ist«.

Peter Spiegel, Generalsekretär des Global Economic Network, lieferte zu diesem Phänomen einer radikal veränderten Welt in seinem Buch *Eine humane Weltwirtschaft* eine vertiefte Analyse. Dieser werde ich in diesem Kapitel weitgehend folgen.

Was hat sich in den vergangenen 15 Jahren so grundlegend verändert und was hat dies mit dem Thema meines Buches zu tun?

Der Nachteil wird zum Vorteil: Die aufholenden Länder verändern das Weltgefüge

Wenn sich die These als richtig erweist, dass mit dem Ende westlicher Dominanz alle anderen »drei Welten« sich immer vehementer gegen alles wehren werden und immer erfolgreicher gegen alles wehren können, das sie als nicht fair im Sinne gleicher Entwicklungschancen ansehen, dann bedeutet dies für unser Thema: Ein neues Welthandelssystem und natürlich erst recht das Konzept eines Global Fair Trade-Systems muss sich als tatsächlich fair erweisen, und zwar in den Augen aller wichtigen Akteure. Sowohl die Länder des Südens, die sich so lange Zeit missachtet, ausgebeutet und missbraucht fühlten, als auch die alten Industrieländer, die sich inzwischen durch einen unfairen Wettbewerb durch Sozial- und Ökodumping bedroht fühlen, müssen das neue System als fair anerkennen können.

Wenn sich die hier beschriebene These als richtig erweist, dann bedeutet dies vor allem auch: Die Industrienationen müssen ihr bisheriges Denken, das viel zu einseitig nur auf die eigenen Interessen bedacht war, sehr schnell und sehr gründlich ändern. Ihr neues Interesse in einer zusammengewachsenen Welt ist, wenn sie dies gründlich durchdenken, tief greifend anders als das, was sie bisher als ihr Interesse ansahen: Jetzt sind plötzlich sie sogar bald mehr auf Fairness in der Weltwirtschaft angewiesen als die aufholenden Länder.

Die neue Situation bedeutet aber auch: Die aufholenden Länder sollten aufgrund ihrer schnell wachsenden wirtschaftlichen Bedeutung nicht auf Revanche bedacht sein, denn dies kann sich dann auch schnell für sie als Bumerang erweisen. Die Ökosysteme sind heute derart strapaziert, dass allzu große Umweltschäden für die gesamte Menschheit nur noch in gemeinsamem Handeln abgewendet werden können. Analoges gilt auch für alle anderen Aspekte des globalen Zusammenlebens: Auch für die aufholenden Länder gibt es Frieden und Sicherheit, wirtschaftliche Stabilität, Stabilität der Finanzmärkte und eine Klimawende, um nur einige Beispiele zu nennen, nur dann, wenn die Welt insgesamt in eine vernünftige Balance kommt.

Die Neigung in der Bevölkerung der alten Industrieländer ist jedoch noch immer eher mäßig entwickelt, einen derart plötzlichen Umschwung von der egoistischen Durchsetzung eigener Interessen zu einem wirklich ernsthaft fairen globalen Handelssystem mitzutragen. Daher müssen wir zuerst noch besser verstehen, weshalb fairer Handel nun auch zu *unserem* ureigensten fundamentalen Interesse werden muss. Fairer Handel bedeutet heute längst nicht mehr, die aufholende Entwicklung der anderen aus humanitären Gründen zu akzeptieren. Fairer Handel bedeutet heute den einzigen Weg, wie die alten Industrieländer ihre eigenen Entwicklungsperspektiven in einer radikal sich verändernden Welt überhaupt noch sichern können. Und zwar aus folgenden systemischen Gründen:

Lange Zeit schienen nahezu alle wirtschaftlichen Vorteile bei den traditionellen Industrieländern zu liegen. Wichtige Grundlagen für die technischen Revolutionen der Neuzeit wurden zwar in außereuropäischen Kulturen gelegt, wie beispielsweise in der chinesischen oder arabischen Kultur. Aber nahezu alle Wellen technologischer Erneuerungen in den vergangenen zwei Jahrhunderten konzentrierten sich auf wenige Länder in Europa sowie auf die wichtigsten Siedlerländer USA und Australien. Bis 1990 waren fast 100 Prozent aller Patente auf High-tech-Know-how, also auf das entscheidende Fortschrittswissen im Besitz von Unternehmen in diesen Ländern. Die Wohlstandskluft driftete durch diese extrem einseitige Aneignung des Fortschrittswissens immer weiter und immer schneller auseinander. Während die Einkommenskluft Mitte des 20. Jahrhunderts noch bei 5:1 lag im Verhältnis der reichen zu den ärmeren Ländern, veränderte sich diese Relation in wenigen Jahrzehnten auf 50:1 und mehr. Das Beinahe-Monopol auf das moderne Fortschrittswissen schien diese Situation für immer festzuschreiben.

Die Industrieländer konnten sich auf dieser Grundlage immer bessere Forschungszentren leisten, immer bessere Bildungseinrichtungen für immer breitere Schichten, immer teurere Sozialsysteme und auch immer bessere Maßnahmen zum Umweltschutz, nachdem dies als ein Problem unserer Industriegesellschaften erkannt war. Ihre Militärmaschinerie war haushoch überlegen. Auch die Mechanismen, um politischen Druck auf andere Länder auszuüben, wurden immer machtvoller und wirksamer. Alle Zentren der Macht in allen Sektoren der Gesellschaft, von Wissenschaft und Technik über Wirtschaft bis Politik und Militär, schienen fest in den Händen einer kleinen Gruppe von überlegenen Industrienationen zusammengeführt zu sein. Nachdem Ende der 1980er Jahre noch der einzig verbliebene Gegenpart, der so genannte Ostblock, in sich zusammenfiel, sprach der amerikanische Historiker Francis Fukuyama schon vom »Ende der Geschichte«, weil er meinte, das westliche Konzept von Kapitalismus in Verbindung mit Demokratie habe sich endgültig allen anderen Systemkonzepten als haushoch überlegen bestätigt.

Parallel zum Siegeszug des westlichen Kapitalismus gerieten die meisten Länder der Welt immer weiter ins Hintertreffen. Viele Länder der so genannten Dritten Welt versanken in kompletter wirtschaftlicher Abhängigkeit. Sie waren in einer ausweglosen Schuldenfalle gefangen. Ihre Schuldendienste überstiegen die Entwicklungshilfe, die sie parallel erhielten, um ein Vielfaches. Die Terms of Trade, die Austauschverhältnisse zwischen ihren Produkten und jenen der Industrieländer, verschlechterten sich Jahr für Jahr. Die Kluft bei der Kaufkraft zwischen den armen und reichen Ländern weitete sich auf ein Verhältnis von 1:100. Die besten Köpfe aus dem Süden verließen ihre Länder und bereicherten mit ihrem Wissen und Können nicht ihr eigenes Land, sondern ebenfalls die reichen Länder. Und so ging es weiter. Der Zynismus wurde auf die Spitze getrieben, als westliche Ökonomen auch noch die These in die Welt setzten, die niedrigen Löhne der armen Länder würden gerade deren »komparativen Vorteil« gegenüber den Industrieländern ausmachen. Also: Je weiter sie mit den Löhnen nach unten gehen, desto »besser« könnten sie an den Weltmärkten teilhaben. Auf diese Weise wurden die Ökonomien des Südens für lange Zeit in der Logik der Unterentwicklung gefangen gehalten, und nicht wenige Länder des Südens ließen sich in diese Falle locken: Sie vertrauten auf den vermeintlichen »Vorteil« der niedrigen Löhne und taten viel zu wenig dafür, die eigenen Wertschöpfungsfähigkeiten zu verbessern. Ohne konsequente Investition in Bildung, Infrastruktur und eine effektive Verwaltung wuchs durch die niedrigen Löhne lange Zeit nur der Abstand zu und die Abhängigkeit von den überlegenen Ökonomien des Nordens.

Wo also sollte sich noch irgendein Ansatz für eine Änderung dieser Überlegenheitssituation ergeben, die wie zementiert erschien?

Doch zeitgleich mit dem Zusammenbruch des Kommunismus gewann auch eine andere Entwicklung schnell an Dynamik. Der Transfer von Wissen wurde dank dem Aufstieg von Internet und anderen modernen Kommunikationsmitteln immer leichter. Das internationale Transportwesen wurde immer engmaschiger und kostengünstiger und damit der Transfer von Produkten und Teilprodukten. Es wurde immer lukrativer für Unternehmen, sich in der Welt nach dem günstigsten Standort für Teile oder gleich für ihre gesamte Produktion umzusehen. Die immer größere Lohnkluft verwandelte sich plötzlich zu einem immer stärkeren Antrieb, lohnintensive Produktionen aus den alten Industrieländern in Niedriglohnländer zu verlegen. Der gigantische Nachteil der ärmeren Länder verwandelte sich allmählich und dann immer schneller zu einem neuen Vorteil.

Zunächst waren es eher sehr einfache Tätigkeiten, die verlagert wurden. Die Fertigung von billiger Massenware an relativ einfach zu bedienenden Maschinen wanderte aus. Ganze Branchen wie Textilien, Schuhe oder auch Billigelektronik mussten in Europa nahezu vollständig schließen und fanden problemlos anderenorts willige und billige Arbeitskräfte.

Vor allem als sich die ehemaligen Ostblockstaaten sowie China und Indien immer mehr öffneten, explodierte das Angebot an billigen Arbeitskräften auf dem offenen Weltarbeitsmarkt in kürzester Zeit gleich um ein Vielfaches. Auf den Arbeitsmärkten der alten Industrieländer konkurrieren rund 350 Millionen Menschen um die dort vorhandenen Arbeitsplätze, und jeder, der arbeitet, möchte dafür eine ordentliche Bezahlung haben, weit jenseits der Löhne seiner Kollegen im Süden und Osten.

Mit der ersten Welle der Integration von Ländern wie Japan, Malaysia, Hongkong, Taiwan und Singapur in den Weltmarkt der Industriearbeit, die schon in den drei Jahrzehnten vor dem Ende des Ost-West-Gegensatzes stattfand, kamen schon rund 90 Millionen Arbeitskräfte in der globalen Arbeitsteilung der offenen Märkte hinzu. Dies war aufgrund der wirtschaftlichen Dynamik der alten Industrieländer noch vergleichsweise gut verkraftbar. Die meisten freigesetzten Arbeiter von den USA über Deutschland bis Australien fanden bald neue Arbeit, oft sogar qualifiziertere und damit besser bezahlte Arbeit.

Doch mit der Erweiterung des offenen Weltmarkts und damit auch des Weltarbeitsmarkts seit Beginn der 1990er Jahre stehen nicht weniger als 1,5 Milliarden Menschen in erwerbsfähigem Alter an, sich an diesem Kuchen aktiv zu beteiligen. 400 Millionen Menschen aus diesen neuen Weltmarktländern wurden in den vergangenen zehn Jahren bereits Teil dieses globalen Marktes, der Rest wird nicht mehr lange außen vor sein. Und sie werden sich auf Dauer auch nicht nur mit Billigarbeitsplätzen zufrieden geben, sondern wollen an die Technologiespitze.

Wie einfach und lukrativ die Verlagerung von zunächst relativ einfachen Produktionsprozessen ist, zeigt das Beispiel des chinesischen Herstellers von Fernsehgeräten TCL. Diese Firma kaufte in den 1980er Jahren das insolvente deutsche Unternehmen Schneider, das den Anschluss an die moderne TV-Geräteentwicklung verloren hatte, fast zum Nulltarif auf. Doch für TCL war der Kauf dieser maroden Firma mit einer scheinbar überholten Technologie ein Traumgeschäft: Sie konnte jetzt mit Billiggeräten auf passablem technischen Stand die Weltmärkte überschwemmen, und dies mit traumhaften Gewinnmargen, weil die eigenen Lohnkosten extrem niedrig waren und die technische Entwicklung sie praktisch nichts kostete. Nach wenigen Jahren waren die eigene finanzielle Substanz sowie das weltweite Vertriebsnetz so gut entwickelt, dass TCL den drittgrößten Hersteller für Fernsehgeräte, das französische Unternehmen Thomson, aufkaufen konnte. TCL ist seither in dieser Branche die Nummer eins in der Welt. Seit diesem Schritt kann TCL nun nicht nur den Markt für Billigfernseher weltweit abschöpfen, sondern auch jenen für teurere Geräte für sich organisieren. Die Grundlage dafür legte deutsches Know-how.

Dennoch war es für die alten Industriemächte noch relativ gut möglich, sich mit der Flucht nach vorn in hoch qualifizierte Dienstleistungen wieder aus der Affäre zu ziehen. Ein hoher Preis aber schien insbesondere seit Anfang der 1990er Jahre bereits unabwendbar zu zahlen zu sein: Der Sockel an Arbeitslosen schien nahezu unaufhaltsam zu wachsen und ebenso der Druck auf die Löhne für weniger qualifizierte Tätigkeiten. In den USA liegt heute der Lohn für einfachere Tätigkeiten unter dem vor 30 Jahren. Um überleben zu können geht dort der Trend zum Zweit- und Drittjob. Aber dies war nur der Anfang.

Mit Bildung zur neuen Erfolgsformel: »High-tech-Know-how plus Low-income«

Schnell wurde deutlich, worauf die ärmeren Länder setzen mussten, um den neuen Vorteil der niedrigen Löhne noch wesentlich effektiver für sich nutzen zu können. Das Schlüsselwort für die neue Strategie hieß Bildung.

Das erste Land aus dem Kreis der Entwicklungsländer, das nicht allein auf den Verkauf seiner Rohstoffe oder seiner billigen Arbeitskräfte setzte, war Malaysia. Dieses Land verfügte Anfang der 1960er Jahre noch über keine einzige Universität, ja nicht einmal über ein einziges Gymnasium. Entgegen den Ratschlägen der internationalen Entwicklungsexperten investierte die malaysische Regierung in großem Stil in die Bildung seiner Bevölkerung. Der Lohn dieser Investition war der größte und am längsten anhaltende Wirtschaftsboom der bisherigen Wirtschaftsgeschichte: Mehr als 30 Jahre lang lag das jährliche Wirtschaftswachstum nicht unter 8 Prozent und teilweise jenseits der 15 Prozent. Malaysia ist längst in den Kreis der weltbesten Standorte für hoch qualifizierte Fortschrittstechnologien aufgestiegen.

Wenn Spitzenwissenschaftler in Malaysia und Singapur in mindestens so modernen Wissenschaftszentren arbeiten und in mindestens so modernen Metropolen leben können wie in den USA oder Deutschland oder Frankreich – für weniger Lohn, aber einem besseren Preis-Leistungs-Verhältnis und damit einer im Ergebnis deutlich höheren Lebensqualität – welchen Sinn macht es noch, in die »alten« Industrieländer abzuwandern? So konnte der relativ kleine Stadtstaat Singapur sich vor kurzem zum Weltzentrum der Biomedizinforschung und -produktion ausrufen – und die Weltmarktführer Pfizer und GlaxoSmithKline folgten sofort dem lukrativen Lockruf.

Immer mehr der besten Wissenschaftler und talentiertesten Unternehmer aus den bisherigen Entwicklungsländern kehren in ihr Land zurück. Sie nehmen das modernste Fortschrittswissen in ihrer Branche mit nach Hause und verknüpfen es dort mit deutlich niedrigeren Löhnen ihrer Angestellten. Je qualifizierter die Einheimischen ausgebildet sind, desto lukrativer wird dieser moderne Know-how-Transfer.

Welches Potential in dieser Verknüpfung liegt, zeigt das Beispiel des Aufstiegs von indischen Software-Unternehmen. Die indische Regierung investierte schon relativ frühzeitig in die »Indian Institutes of Technology« (IIT), einem Netzwerk von sieben Eliteuniversitäten in ihrem Lande, die sich vor allem mit den neuen Möglichkeiten der IT-Branche befassen. Viele Absolventen dieser Hochschulen komplettierten ihr Wissen und ihre Erfahrungen dann noch bei amerikanischen Firmen, vor allem im so genannten Silicon Valley in Kalifornien, das zum Synonym des weltweiten IT-Booms wurde. Als Bill Gates im Jahr 2006 die besten Nachwuchskräfte in seinem Unternehmen in den USA durch einen Wettbewerb identifizieren lassen wollte, musste er feststellen, dass neun der zehn Besten von ihnen Inder waren. In den USA werden heute rund 25 Prozent aller Promotionsabschlüsse in den Natur- und Ingenieurswissenschaften durch Chinesen erlangt, und rund 75 Prozent aller Inder, die in den USA leben, haben mindestens einen Bachelor-Abschluss.

Einer der frühesten Rückkehrer von den USA nach Indien war Azim Premji, der Gründer von Wipro. Dieses Software-Unternehmen löste gemeinsam mit Infosys den IT-Boom in Bangalore aus und machte die Stadt zum neuen Silicon Valley dieser Branche. Allein Wipro stellt inzwischen jeden Monat 10 000 neue Mitarbeiter in Indien ein und engagiert auch in Europa immer mehr Akquisiteure für neue Aufträge. Woran arbeiten diese? Sie prüfen, welche Dienstleistungen in Europa digitalisiert werden und damit genauso gut in Indien erledigt werden können. Nach Schätzungen einer McKinsey-Studie können schon nach dem heutigen Stand der Technologien 25 Prozent aller Dienstleistungen in Europa auf digitalem Wege billiger und besser in Indien erledigt werden. Nach derselben Studie wird sich die Zahl der indischen IT-Dienstleister in nur zweieinhalb Jahren von derzeit einer auf dann 4 Millionen Menschen ausweiten. Nandan Nilekani, der Chef von »Infosys«, sagte dazu in einem Interview der Zeitschrift *Cash*:

»Es läuft eine Revolution, und das bemerken viele Europäer erst mit großer Verspätung. Alle Dienstleistungen, die nicht an einen Raum gebunden sind und online verschickt werden können, lassen sich heute überall auf der Welt ausführen. Welche dramatischen Konsequenzen das hat, ist erst in Ansätzen zu erkennen. Wir stehen erst am Anfang. Wir können Schadensberichte von Versicherungen in Indien erstellen. Wir können Röntgenbilder aus Übersee hier analysieren: Unsere Ärzte beurteilen über Nacht die Aufnahmen, die sie aus Amerika zugeschickt bekommen. Wir können Steuererklärungen aus England hier ausfüllen. Jede Dienstleistung, die sich digitalisieren lässt, kann von überall in der Welt geliefert werden.« Der indische Staatspräsident Abdul Kalam bezieht daraus die Leitperspektive für sein Land: »Indien wird das Büro der Welt.«

Das Zeitalter von Europa und USA als Hort der neuen Dienstleistungsmetropolen auf hohem Ausbildungsniveau könnte schneller zu Ende gehen, als viele meinen. Indiens Universitäten bringen heute schon eine halbe Million neue Ingenieure pro Jahr auf den immer offener werdenden globalen Arbeitsmarkt – und China sogar eine Million. Eine Studie des Deutschen Industrie- und Handelstags vom Februar 2005 förderte zu Tage, dass immer mehr deutsche Unternehmen inzwischen selbst im Kernbereich für Fortschrittswissen, im Bereich »Forschung und Entwicklung«, sich immer mehr Richtung Osteuropa und Asien orientieren. Besonders alarmierend ist dabei die Aussage von immerhin 55 Prozent der befragten Unternehmen, dass die wissenschaftlichen Mitarbeiter in diesen Ländern nicht nur viel billiger, sondern inzwischen ganz offensichtlich auch deutlich besser motiviert und sogar besser ausgebildet sind.

China und Indien bauen seit Jahren ihre Forschungsetats mit großen Investitionssprüngen aus. Chinas Forschungsausgaben liegen inzwischen bei einem Drittel jener der USA und bei der Hälfte der EU. Berücksichtigt man die deutlich niedrigeren Lohnkosten, so ist China heute bereits das Forschungsland Nummer eins. Noch dauert es etwas, bis dort auch die neuesten Patente auf der Spitze des Fortschrittswissens angemeldet werden, aber immerhin kommen allein die amerikanischen Unternehmen, die in Indien investiert haben, dort schon auf über 1000 Patentanmeldungen im Jahr. Und im Jahr 2006 überholte China bereits das Tüftler- und Erfinderland Deutschland bei der Anzahl der angemeldeten Patente.

Entscheidend ist in der derzeitigen Phase jedoch zunächst etwas anderes: Mit jährlich 1,5 Millionen gut ausgebildeten neuen Ingenieuren zusätzlich können Indien und China sich das moderne Fortschrittswissen in wenigen Jahren in einem Ausmaß abgreifen und für sich nutzen, wie dies den meisten Menschen und auch Politikern im Westen noch gar nicht vorstellbar ist. Der Forscherdrang und die damit verbundenen Skills haben zwar noch nicht den westlichen Standard erreicht, aber auch hieran arbeitet China mit großem Eifer, wie die angesprochenen Reformen im Bildungswesen zeigen. Philipp Vorndran, der Chefstratege von der Credit Suisse, bringt die derzeit ablaufende Entwicklung auf den Punkt: »Die westlichen Industrienationen haben ihr Know-how zum großen Teil an China weitergegeben und damit ihre Aufgabe erfüllt. Sie werden bald nicht mehr gebraucht.«

Noch ist Deutschland aufgrund seiner noch immer sehr gefragten Qualitätsarbeit Exportweltmeister, aber diese Tatsache verdeckt allzu leicht ein anderes Faktum: 1990 waren in den Produkten, die Deutschland exportierte, rund 25 Prozent Leistungen »eingebaut«, die zuvor in anderen Ländern erbracht und nach Deutschland importiert wurden. Heute liegt dieser Anteil bereits bei mehr als 40 Prozent.

Der augenblickliche Exportboom der westlichen Industrieländer verdeckt auch noch etwas anderes: Ein immer größerer Anteil der Exporte bezieht sich auf die modernste Technologie aus den bisherigen Vorsprungsländern. Nicht mehr ausrangierte Ramschmaschinen sind gefragt, sondern immer mehr High-tech auf dem neuesten Stand. In einer Phase, in der die aufholenden Länder bereits über sehr viel Kaufkraft und immer besser ausgebildete Ingenieure verfügen, bedeutet dies: Für einige Zeit sehen wir dabei noch wie die weiterhin unangefochtenen Exportweltmeister aus. Aber wir schätzen die Lage nicht richtig ein, wenn wir nicht gleichzeitig berücksichtigen, dass diese Länder dadurch umso schneller selbst in die Lage versetzt werden, modernste Technologie zu nutzen, zu produzieren und sehr schnell zu sehr starken Konkurrenten aufzusteigen. Dabei werden sie noch lange den Vorteil nutzen können, auf *allen* Produktionsniveaus, die sie im eigenen Lande haben, dem Weltmarkt mit niedrigeren Löhnen Paroli zu bieten.

Die neue Erfolgsformel der Weltökonomie »High-tech-Know-how plus Low-income« wird die Weltwirtschaft in atemberaubendem Tempo verändern. An Kaufkraftparität, also im Verhältnis zwischen dem Einkommen und dem, was man sich davon zu den Preisen im eigenen Land leisten kann, hat China auf diesem Wege inzwischen bereits Deutschland und Japan überholt. Und Indien hat mit einer hoch dynamisch wachsenden Mittelschicht von 200 bis 300 Millionen Menschen bereits heute mehr Bürger, die guten Zugang zu modernem Fortschrittswissen und zu modernen Technologien haben als Europa. In der Folge davon hat sich auch ein anderer Trend bereits umgekehrt: Der neue Volkssport erfolgreicher indischer und chinesischer Unternehmer heißt: Kauft euch westliche Unternehmen dazu oder kauft euch dort wenigstens strategisch ein.

Um einem Missverständnis vorzubeugen: Die Benennung dieser Fakten soll keineswegs dazu dienen, die in Europa ohnehin schon wachsenden Ängste vor der Globalisierung weiter anzuheizen. Wir brauchen vor dem Aufholen von potentiell zwei Dritteln der Menschheit keine Angst zu haben, denn in der Tat kann daraus die gesamte Menschheit großen Nutzen ziehen, also auch die alten Industrieländer. Wir können dies allerdings nur, wenn wir verstehen, was derzeit abläuft, und wenn wir verstehen, wie wir diese Abläufe intelligent gestalten können. Dies nur als Zwischenbemerkung, bevor wir weiter auf die Beschreibung der Veränderungen in der Welt eingehen und danach zur Erläuterung unseres Vorschlags kommen, wie diese Veränderungen angemessen und intelligent so gestaltet werden können, dass – von wenigen Ausnahmen abgesehen – alle gewinnen können.

Die Umkehrung der Standortvorteile

Das neue Erfolgskonzept von »High-tech-Transfer plus Low-Income-Nutzung«, das zunächst nur aus der neuen Attraktivität der Verknüpfung von niedrigen Löhnen mit guter Bildung erwuchs, wird in den nächsten

Jahren und Jahrzehnten nach einer Analyse von Peter Spiegel nahezu alle bisherigen Standortvorteile der traditionellen Industrieländer in systemische Standortnachteile verwandeln.

Dies muss zwei Konsequenzen haben: Erstens müssen wir alle nachfolgend angesprochenen Teilsysteme innerhalb unserer Gesellschaft von Bildung über Gesundheit bis zur Altersversorgung auf den Prüfstand stellen. Wir können uns dabei entscheiden, ob wir dies als Verlust von Wohlvertrautem ansehen oder als eine wertvolle Chance begreifen, uns von alten Verkrustungen, von kontraproduktiven Fehlentwicklungen oder auch von überholten Konzepten, für die es inzwischen bessere Alternativen gibt, zu befreien. Und zweitens – und dies ist für den Zusammenhang dieses Buches von noch höherer Bedeutung – zwingt uns die veränderte Weltlage dazu, aus purem *Eigen*interesse über intelligente Konzepte für die verbesserte Wahrnehmung des *gemeinsamen Interesses aller* Länder und aller Bevölkerungsgruppen weltweit nachzudenken.

Das Konzept der sozialen Marktwirtschaft ist ein solches gemeinwohlorientiertes Win-Win-Konzept, das sich sowohl wirtschaftsdynamisch als auch im Sinne eines »Wohlstands für alle« als ausgesprochen erfolgreich erwies. Dieses Konzept kam bisher jedoch nur auf der nationalen Ebene zum Einsatz, noch nicht auf der globalen. Der Stuttgarter Unternehmer Huschmand Sabet spricht von einer zutiefst »asozialen Marktwirtschaft« in den internationalen Wirtschaftsbeziehungen. Gerade auch Nationen, die auf ihrer eigenen nationalen Ebene funktionierende soziale Marktwirtschaften haben, verhalten sich auf internationaler Ebene alles andere als sozial. Hier zählt für sie eher der »freie Wettbewerb« unter auch noch so ungleichen Wettbewerbsvoraussetzungen. Die bereits vom »Vater der Marktwirtschaft« Adam Smith formulierte eiserne Grundregel, nach der Marktwirtschaft nur unter gleichen Wettbewerbsvoraussetzungen für alle Wettbewerber funktionieren kann, wird hier gern vergessen. Schon Adam Smith warnte davor, dass Marktwirtschaft ohne gleiche Zugangschancen zum Markt schnell zur puren Machtwirtschaft der Starken gegen die Schwachen mutiert. Spätestens jetzt, da wir in der Gefahr stehen, immer mehr auf die Verliererstraße des globalen Wettbewerbs zu geraten, sollten wir über eine Globalisierung unseres nationalen und europäischen Erfolgsmodells der ökosozialen Marktwirtschaft nachdenken.

Das Global Fair Trade-System ist ein Konzept, mit dem man auf der globalen Ebene schnellstmöglichst und effektiv gemeinsame humane und nachhaltige Standards und Wettbewerbsbedingungen herstellen kann. Es ist ein Konzept zur systematischen Etablierung einer globalen ökosozialen Marktwirtschaft.

Gerade die traditionellen Industrieländer sind unter den beschriebenen neuen Vorzeichen darauf angewiesen, dass sich die sozialen und ökologischen Standards weltweit angleichen, und zwar tendenziell eher auf höherem als niedrigerem Niveau. Je langsamer diese Angleichung geschieht und auf je niedrigerem Niveau, desto stärker geraten die Sozialsysteme und die ökologischen Standards in den Industrieländern unter Druck.

Nur durch die Festlegung und Weiterentwicklungen von Standards, wie beim Global Fair Trade-System vorgeschlagen, kann der hier beschriebene Wettbewerb der gesellschaftlichen Systeme von Gesundheit über Altersversorgung bis Bildung im gleichzeitigen Interesse der reichen und der aufholenden Länder gemildert und in einen humanen Entwicklungsrahmen hineingesteuert werden: Ein Global Fair Trade-System hilft auf der einen Seite den Schwellen- und Entwicklungsländern, ihre sozialen und ökologischen Systeme wesentlich schneller zu entwickeln, und es hilft andererseits den traditionellen Industrieländern dabei, ihre sozialen und ökologischen Systeme zwar noch effizienter zu gestalten, ohne sie in ihrer Substanz abbauen zu müssen aufgrund eines gnadenlosen »Wettbewerbs der gesellschaftlichen Standortvorteile«. Wir sind bereits mitten in einem »Wettbewerb der Bildungs-, Sozial- und politischen Systeme« angelangt. Es kann also nur noch darum gehen, hier zu einer vernünftigen Gestaltungspolitik auf globaler Ebene durchzudringen.

Werfen wir einen Blick auf die drastischen Veränderungen im globalen Wettbewerb unserer gesellschaftlichen Systeme:

Seit die Schlüsselbedeutung von Bildung erkannt wurde, investieren immer mehr Entwicklungsländer in ihr Bildungssystem, also in eine bessere Ausbildung ihrer Bewohner. In den 1990er Jahren drängten die Weltbank und der Internationale Währungsfonds die Entwicklungsländer sogar noch, ihre Investitionen in ihre Bildungssysteme zu reduzieren statt zu erhöhen. Doch kurz vor der Jahrtausendwende wurde auch bei diesen Institutionen die überfällige Wende vollzogen und wird die Investition in Bildung als die beste Zukunftsinvestition angesehen. Die Ermöglichung eines Zugangs zu grundlegender Bildung für 100 Prozent aller Kinder in allen Ländern der Welt wurde im Jahr 2000 von den Staatsoberhäuptern einvernehmlich zu einem der zentralen Millennium-Entwicklungsziele erklärt, das bis spätestens 2015 überall erreicht sein soll. Jedes Land, das bei den Bildungsinvestitionen schneller und kraftvoller agiert, profitiert davon früher und intensiver als andere Länder.

Gerade bei den Allerärmsten der Welt ist die Erkenntnis über den Stellenwert von Bildung schon lange vorhanden. Doch mit den Erkenntnissen des Friedensnobelpreisträgers Muhammad Yunus, der mit seiner ungewöhnlichen Grameen Bank erfolgreich Kleinstkredite an die Ärmsten vergibt, können die Ärmsten nun endlich der Bildung ihrer Kinder die nötige Priorität geben. Yunus berichtet: Seine Kreditnehmerinnen investieren sofort, nachdem ihre eigenen kleinen Geschäfte etwas ins Laufen gekommen sind, in die Bildung ihrer Kinder. Und diese erweisen sich als ganz besonders wissensdurstig. So ist bei den Kunden der Grameen Bank, bei denen zunächst fast alle Analphabeten waren, in der nachfolgenden Generation das Analphabetentum restlos überwunden.

Ein anderes Beispiel: Während sich die Bildungsexperten in Deutschland nach Veröffentlichung der PISA-Studie nur sehr zögerlich an nötige Reformüberlegungen machten, reagierte China, das gar nicht am PISA-Ländervergleich beteiligt war, ganz anders. Es schickte seine besten Bildungsexperten für drei Jahre in das PISA-Siegerland Finnland und ließ dort sehr genau studieren, warum dieses Land so gute Schüler hat. Inzwischen setzt China die neu gewonnenen Erkenntnisse in einem großen regionalen Pilotprojekt um. Sobald deren Ergebnisse ausgewertet sind, will China dann landesweit auf ein hoch modernes und hoch motivierendes Bildungssystem umsteigen, das jeden Bürger zum »Lernunternehmer« macht. China will auch zum kreativsten Bildungsland der Welt aufsteigen.

Es erweist sich: Wer aufsteigt, ist flexibler und eifriger als ein anderer, der es sich auf hohem Niveau schon etwas bequem gemacht hat.

Lange Zeit waren die großen alten Industriemächte auch die attraktivsten Finanz- und Investitionsplätze der Welt. In sie floss immer mehr Geld, weil der immer größere Vorsprung beim Fortschrittswissen die Verheißung gab, dass diese Entwicklung immer weiter gehen würde. Es galt die Erkenntnis: Der bereits erzielte Vorsprung ist der Garant dafür, dass dort auch die nächsten technologischen Sprünge ihren besten Nährboden haben werden. Doch mit der neuen Erfolgsformel orientieren sich auch die großen Investitionsströme um. China ist inzwischen auch beim Anwerben von Direktinvestitionen an den USA vorbeigezogen und ist inzwischen so stark, dass es seinerseits auf Einkaufstour auf dem Markt der Weltunternehmen geht. Mit über 1300 Milliarden Euro verfügt auch kein Land der Welt über mehr Devisenreserven als China. Ferner trägt inzwischen schon mehr als ein Viertel der 500 größten Unternehmen der Welt asiatische Namen.

Lange Zeit galt: Eine gute Infrastruktur ist der Garant dafür, dass weitere Investitionen angezogen werden. Im Wettbewerb zwischen Metropolen innerhalb der traditionellen Industrieländer gilt dies weiterhin. Im Wettbewerb zwischen Metropolen in den alten und den neuen Boomländern gelten inzwischen andere Regeln. Hier ist es kein Nachteil mehr, wenn mehrere wichtige Voraussetzungen für eine gute Infrastruktur noch fehlen. Man plant dann eben alles, was nötig ist, gleich auf dem allermodernsten Stand – und schon wird aus dem Nachteil in kürzester Zeit ein Megavorteil. So plant China eine neue 10-Millionen-Metropole aus dem Nichts, eine »Stadt der Nachhaltigkeit« als Musterbeispiel, was technisch heute machbar ist im Sinne von Recyclingwirtschaft, Null-Energie-Häusern oder Ökoeffizienz. Kurz: Es soll eine Traumstadt für alle ökologischen Wünsche entstehen.

Dies führt gleich zum nächsten Punkt. China ist fraglos heute noch der gefährlichste Umweltzerstörer in der Welt. Allerdings hat die chinesische Regierung die daraus sich ergebenden Nachteile inzwischen selbst erkannt, was von westlichen Autoren in ihren Berichten aus dem Riesenreich oft unterschlagen wird. So ist es in einem autoritär geführten Land sicher eine sehr eindeutige und ernstzunehmende Botschaft, wenn die Regierung selbst Studien veröffentlicht, nach denen die Umweltschäden inzwischen mehr kosten als den jährlichen Zuwachs ihrer Wirtschaft. Gleichzeitig hat China erkannt, dass es durch seine große Nachfrage nach Rohstoffen der Hauptauslöser für drastische Preissteigerungen auf den internationalen Rohstoffmärkten war. Die Konsequenz: Kein Land ist derzeit wissbegieriger bei der Suche nach umweltfreundlichen Technologien und nach Ökoeffizienztechnologien. Die bekanntesten Umweltaktivisten und -spezialisten aus Deutschland sind inzwischen regelmäßig in China und beraten das Land bei zielführenden Planungen zur Umsteuerung an der Umweltfront. Es ist keine Illusion oder Überzeichnung, dass ausgerechnet China jenes Land werden kann, das schon in wenigen Jahren der Motor für eine Wende zur Ökoeffizienztechnologie sein wird, zunächst durch entsprechend große Nachfrage und später wohl auch durch eigene Produkte.

In einem offenen Weltmarkt treten nicht nur Ökonomien und Arbeitskräfte in unmittelbare Konkurrenz zueinander. Alle gesellschaftlichen Systeme werden miteinander konkurrieren: die Gesundheitssysteme, die Systeme der Altersversorgung, die Systeme der politischen Entscheidungsfindung etc. Entsprechend ihren jeweiligen Kosten-Nutzen-Relationen wird entschieden, welche Gesellschaften in einer offenen Weltkonkurrenz gewinnen und welche verlieren werden. Und besonders in diesen Bereichen, in denen es um den Erhalt sozialer und gesellschaftlicher Errungenschaften geht, haben die alten Industrieländer besonders schlechte Karten.

Nehmen wir unser Gesundheitssystem. Noch immer leisten wir uns eine Philosophie von Gesundheitsvorsorge, die jedes Jahr mehr Beiträge fordert und damit jedes Jahr höhere Anteile von dem, was wir insgesamt erwirtschaften. Doch unser Gesundheitssystem hat sich viel zu einseitig in Symptombehandlung statt Ursachenbehandlung verrannt. Damit wird es immer teurer, ohne dass die Bevölkerung im Ergebnis wirklich gesünder würde. Gesundheit hat nicht nur, aber doch sehr viel mit »gesunden« zwischenmenschlichen Beziehungen zu tun, mit »gesunden« Familien, mit »gesundem« Arbeitsklima, mit einer »gesunden« Lebenshaltung. Doch bei uns werden beispielsweise so viele alte Menschen in die Einsamkeit abgeschoben, dass die Einsamkeit massenhaft zum Krankheitsauslöser wird. Und viele von denen, die nicht krank sind, gehen allein deshalb zum Arzt, weil dies oft der einzig verbliebene soziale Kontakt ist. In den meisten Entwicklungs- und Schwellenländern sind die sozialen Netzwerke noch ungleich besser intakt als in modernen Industriegesellschaften. Sobald diese Gesellschaften von typischen Armutskrankheiten befreit sein werden, wirkt sich für sie sowohl kostenmäßig als auch gesundheitsfördernd folgender Vorteil aus: Die Krankenbetreuung, vor allem der älteren Mitbürger, findet dort mehr im sozialen Umfeld der Familie statt und nicht in industriellen Krankenhausbetrieben, in denen der »Faktor Mensch« immer mehr durch kalte Medikamente- und Maschinenmedizin ersetzt wird. Gesellschaften mit »gesünderen« Sozialsystemen sind im globalen Wettbewerb der gesellschaftlichen Systeme wesentlich konkurrenzfähiger.

Analoges gilt für das Thema Altersversorgung. Wir leisten uns ein extrem teures System der Alterssicherheit, aber dieses System ist so gestrickt, dass viele Alte sich überflüssig vorkommen, einsam sind und dadurch viel leichter krank werden als alte Menschen in ärmeren Ländern, die auch im Alter noch angemessene gesellschaftliche Aufgaben übernehmen. Intakte soziale Netzwerke, die dem Alter soziale Wärme und glaubwürdige Sinnhaftigkeit geben, machen derartige Gesellschaften viel wettbewerbsfähiger, nicht nur, weil sie sehr viel geringere volkswirtschaftliche Kosten verursachen.

Dies alles soll keineswegs heißen, es sei besser, wenn eine Gesellschaft keine gute Gesundheitsvorsorge bieten würde und keine gute Alterssicherheit. Aber wir müssen erkennen, dass auch unsere Gesundheits- und Alterssicherheitssysteme Einfluss darauf haben, welche Gesellschaften sich künftig wie dynamisch entwickeln werden. Wir müssen uns die Frage stellen, was wirklich zu Gesundheit beiträgt und was unser Alter wirklich glücklich machen wird, und diese Faktoren müssen wir selbstverständlich auch in Zukunft ausbauen und intelligent verteidigen. Diese werden eine starke Position im Zusammenspiel der Kulturen sichern. Was wir uns aber nicht länger leisten können, ist folgendes: Wie leistungsfähig unsere großen gesellschaftlichen Systeme sind und uns wirklich bereichern und stärken, können wir nicht länger dem Spiel der entsprechend interessierten wirtschaftlichen Lobbys überlassen.

Kommen wir zum »Standortfaktor politische Stabilität«. Lange Zeit hieß es, hier seien wir den Entwicklungs- und Schwellenländern besonders weit voraus. Wir haben offene und demokratische Gesellschaften, Meinungsfreiheit, Forschungsfreiheit, bürgerliche Freiheiten, politische Beteiligungsmöglichkeiten und vieles mehr, was uns eine dynamische und lernfähige Gesellschaft sichert. Dies ist alles richtig, aber oft wird dabei Wichtiges übersehen:

Wissenschaftliche Untersuchungen haben gezeigt, dass die politische Stabilität einer Gesellschaft sehr stark damit zusammenhängt, welche *Zukunftszuversicht* die Menschen in ihr haben. Das absolute Maß an Wohlstand spielt dabei praktisch keine Rolle. Es ist sogar eher so, dass eine Gesellschaft mit hohem Wohlstand eher zu sozialen Unruhen und politischen Turbulenzen tendiert, sobald dieser Wohlstand gefährdet scheint, als eine Gesellschaft mit deutlich niedrigerem Wohlstand, der aber auf diesem niedrigen Niveau relativ gesichert scheint. Die Soziologen nennen dies »Deprivation«. Die größte Stabilität herrscht in Gesellschaften, die aufstreben und in der alle Menschen die Hoffnung haben können, dass es auch ihnen bald besser gehen wird. Das Thema Verteilungsgerechtigkeit oder Teilhabe am wachsenden Wohlstand ist also in allen Gesellschaften wichtig, aber dieses Thema ist offensichtlich in aufholenden Ökonomien leichter befriedigend zu beantworten als in Gesellschaften, deren Wohlstand für immer breitere Schichten bedroht ist. »Bedrohter Wohlstand« führt leicht zu Reaktionen, die von Angst angetrieben werden, was die einst erworbenen Freiheiten schrittweise wieder reduziert. »Wachsender Wohlstand« fördert hingegen die entgegengesetzte Richtung zu mehr bürgerlichen und politischen Freiheiten und letztlich auch zu »mehr Demokratie wagen«.

Unter dem Stichwort »Good Governance«, gute Regierungsführung, reformieren sich tatsächlich heute immer mehr aufholende Länder in Richtung Rechtssicherheit und Demokratie. Immer mehr Länder erkennen darin einen wichtigen Faktor im globalen Wettbewerb der Länder um das Anwerben von Investoren und die allgemeine Förderung von wirtschaftlicher Entwicklung. Damit gerät auch der letzte verbliebene Standortvorteil der alten demokratischen Industrieländer, die politische Stabilität, in Bewegung.

Zusammengefasst kann man sagen: Immer mehr Länder des Südens und Ostens nutzen strategisch folgende Standortvorteile für sich:

- extremes Lohngefälle
- schnelles Aufholen in der Bildung und Ausbildung
- leichter globaler Informationstransfer
- geringere Umweltstandards (dies ist zumindest in einer gewissen Phase ein Vorteil für die aufholenden Länder)
- geringere gesetzliche Regelungsdichte
- geringe Steuerbelastung
- kostengünstige »familiäre« Sozialsysteme
- günstige Alterspyramide
- noch wenig erschlossene Märkte
- politisch-soziale Stabilität

Im Gegenzug machen den alten Industrieländern folgende Faktoren immer mehr zu schaffen:

- Rationalisierungsfalle (wegen des extremen Lohngefälles müssen sie immer schneller rationalisieren)
- Verschiebung von immer mehr Steuereinnahmen in andere Länder
- Steuerdumping-Wettbewerb zwischen den Nationen

- Sozialabbau-Wettbewerb
- Polarisierung von arm und reich auch im eigenen Land
- starre Systeme aufgrund sehr starker Lobbygruppen
- Spielraum für nationale Umweltpolitik schrumpft
- Machtzerfall der politischen Instanzen im Verhältnis zu globaler Wirtschaftslobby

Die gravierend neue Interessenlage

Noch einmal: Die hier zusammengestellten Fakten sollen nicht Angst machen, sondern zum Nachdenken anregen. Sie sollen deutlich machen: Wir haben keine andere Wahl, als unsere Interessenlage sehr gründlich zu überdenken. Dabei hilft es nicht, wenn wir uns noch mehr abschotten. Europa und darin vor allem Deutschland leben von ihrer starken Exportorientierung. Noch weniger würde es helfen, wenn wir Zuflucht bei dem Gedanken nehmen, wieder mehr imperialen Druck auf die Entwicklungs- und Schwellenländer ausüben zu wollen. Die jüngste Geschichte der USA zeigt, wie gründlich man damit sowohl seinen Einfluss als auch seine Glaubwürdigkeit verspielen kann. Unser neues Interesse kann nicht länger egoistisch ausgerichtet sein, sondern funktioniert nur noch zu unserem eigenen Wohl, wenn es konsequent auf dynamisch fairen und intelligenten Interessenausgleich ausgerichtet ist.

Europa muss erkennen, *wie* scharf, *wie* radikal und *wie* konsequent inzwischen die Ablehnung bei aufholenden Ländern gediehen ist für alle Vorschläge und Maßnahmen aus den alten Industrieländern, die vor allem deren eigenen Interessen dienen. Als Beispiel kann hier die festgefahrene Situation zum Thema Klimaschutz dienen. Es ist dies ein Lehrstück dafür, dass nur noch der Wechsel zu einem Denken funktionieren kann, das auch von den aufholenden Ländern als gerecht empfunden wird.

Inzwischen ist längst auch allen Regierungen der Welt klar, wie gefährlich die derzeitige Klimaentwicklung ist. Das Deutsche Institut für Wirtschaftsforschung errechnete im Auftrag der Münchner Rück ein Anwachsen der Schadenssumme für die Versicherungswirtschaft bis 2050 auf jährlich mindestens 600 Milliarden Euro, ja sogar und bis zu zwei Billionen. Das wäre das Doppelte des heutigen jährlichen Zuwachses der gesamten Weltwirtschaft. Bis 2100 würde sich die Schadenssumme auf 20 Billionen Euro ausweiten, das wären knapp zwei Drittel der gegenwärtigen jährlichen Gesamtwirtschaftsleistung der Menschheit. Dabei wurde noch nicht berücksichtigt, dass der Ausstoß gefährlicher Klimagase trotz des Kyoto-Protokolls noch deutlich schneller wächst, als bei dieser Studie angenommen. Die Internationale Energieagentur gab 2006 auf der Grundlage der tatsächlichen Zuwächse an Klimagasen diese Hochrechnung bekannt: Statt der erhofften Reduzierung des CO_2-Ausstoßes bis 2030 um 60 Prozent würde sich dieser um 190 Prozent erhöhen, bis 2050 sogar fast verdreifachen.

Doch trotz dieser katastrophalen Entwicklung beharren die Schwellen- und Entwicklungsländer konsequent und hart auf dem Prinzip der Gerechtigkeit. Sie fordern gleiche Rechte am Klimagasausstoß für alle. Wer mehr ausstößt, muss die Rechte dafür von denen abkaufen, die weniger Klimagas in die Luft emittieren. Dies sei das Mindeste an Gerechtigkeit, so ihre Argumentation, nachdem die Industrieländer so lange ungestraft und kostenlos die Umwelt schädigen durften. Doch bis heute versuchen westliche Umweltaktivisten wie Umweltpolitiker noch immer, genau dieses Gerechtigkeitsdenken auszubremsen. Sie argumentieren, dass die aufholenden Länder dann ihrerseits die Umwelt genauso hemmungslos schädigen würden wie die alten Industrieländer. Natürlich muss man verhindern, dass eine katastrophale Klimaerwärmung zur endgültig besiegelten Sache wird. Aber ein Klimawendekonzept, das aussichtsreich sein soll, kommt nicht umhin, dem Bedürfnis nach Gerechtigkeit zu entsprechen.

Wie dies gehen kann, zeigen Lutz Wicke und Peter Spiegel mit ihrem »Kyoto Plus«-Vorschlag auf sowie Franz Josef Radermacher und der Nachhaltigkeitsbeirat Baden-Württemberg. Nach diesen Konzepten würde die Klimaerwärmung zunächst auf ein noch umweltverträgliches Maß begrenzt. Es verteilt dann bis zu diesem Grenzwert Emissionsrechte nach dem Prinzip »One human – one emission right«. Durch einen globalen Emissionshandel wird ein massiver marktwirtschaftlicher Anreiz für Klimaschutz geschaffen, denn die Nutzung der Atmosphäre kostet nach diesem Vorschlag spürbar Geld. Länder, die mehr verbrauchen, als ihnen bei gleichen Emissionsrechten für alle zusteht, müssen die überständigen Nutzungsrechte von anderen Ländern einkaufen, die weniger verbrauchen. Dadurch ist ein jährlicher Transfer von zunächst etwa

56 Milliarden Euro in die ärmeren Länder mit geringeren Emissionen sichergestellt. Diese Gelder dürfen nach dem Vorschlag von Kyoto-Plus jedoch nicht willkürlich eingesetzt werden, sondern ausschließlich und öffentlich überwacht für Maßnahmen zum Klimaschutz, für die Verbesserung der Ökoeffizienz in allen Bereichen sowie für die Überwindung von extremer Armut. Auf diese Weise ist der Forderung nach Gerechtigkeit Rechnung getragen, aber auch nach einer konsequenten Wende in den reichen wie in den armen Ländern in Richtung auf eine nachhaltige und klimaschützende Wirtschaft.

Im November 2006 forderte der Deutsche Bundestag erstmals, einen solchen klimagerechten Ansatz ernsthaft zu prüfen, nachdem man feststellen musste, dass der Weg mit dem bisherigen Kyoto-Protokoll offensichtlich nicht zum Ziel führen kann. Die großen Schwellenländer China, Indien, Brasilien, Mexiko und Südafrika, die allein schon fast die Hälfte der Menschheit stellen, haben ihre neue Macht entdeckt. Sie können alles blockieren und blockieren auch alles, was ihnen nicht fair erscheint, wie die festgefahrenen WTO-Gespräche zeigen. Die Zeit einseitigen Diktats geht derzeit sehr schnell seinem Ende zu.

Zum Glück dämmert diese Erkenntnis inzwischen auch den politisch handelnden. So führte die deutsche Bundeskanzlerin Angela Merkel in ihrer Eröffnungsrede zum Weltwirtschaftsforum 2006 in Davos aus: »Welchen Ordnungsrahmen braucht unsere veränderte Welt? Welchen Ordnungsrahmen braucht sie, um Teilhabe für jeden Einzelnen an den Früchten und dem Fortschritt unserer Gesellschaft und unserer Welt zu ermöglichen? Diese Frage stellt sich für die Industrieländer, für die Schwellenländer und für die Entwicklungsländer. Wenn wir diese Frage nicht schlüssig beantworten, wenn wir diesbezüglich keine Einigung finden, dann werden sich neue, schwere soziale und andere Verwerfungen entwickeln, für deren Folgen wir dann alle verantwortlich sind … Das heißt, dass ähnlich wie zu Beginn der Zeit der Sozialen Marktwirtschaft die eigenen Kräfte und die Fähigkeiten und Notwendigkeiten des Staates in eine Balance gebracht werden müssen … Wir stehen vor der Herausforderung – dieser Herausforderung muss sich Politik stellen –, die Globalisierung zu gestalten. Die Ängste der Menschen rühren zum großen Teil daher, dass sie das Vertrauen darauf verloren haben, dass Politik die Folgen der Globalisierung gestalten kann. Deshalb bin ich überzeugt davon, dass Politik auch in Zeiten der Globalisierung einen Gestaltungsauftrag

hat. Wir brauchen eine Verzahnung von Umweltschutz und Sozialmaß-
nahmen mit der Welthandelsorganisation, mit dem Internationalen
Währungsfonds und mit der Weltbank. Die Dinge müssen aufeinander
abgestimmt sein. So, wie im Rahmen der Sozialen Marktwirtschaft – dies
ist jedenfalls unsere Erfahrung – der soziale und der ökologische Ausgleich auch immer Teil einer lebenswerten Gesellschaft waren, muss dies,
glaube ich, auch im Ordnungsrahmen einer zukünftigen Welt stattfinden.«

Merkel kündigte an, diese Frage ins Zentrum des G8-Gipfels im Juni
2007 in Deutschland zu stellen, und sie setzte dieses Vorhaben um. Damit
griff sie die Empfehlung des Bundesverbands für Wirtschaftsförderung
und Außenwirtschaft auf, in dessen Senat ich die Ehre habe, Mitglied zu
sein. Dieser empfahl der neu gebildeten Bundesregierung im Herbst 2005,
eine bessere Gestaltung der Globalisierung zum neuen zentralen Politik-
feld zu machen.

Auch für die grundlegenden Ideen, die in diesem Buch dargelegt werden, zeigte sich die Bundeskanzlerin offen. Nachfolgend sei bewusst etwas
ausführlicher aus einer Rede zitiert, die sie am 22. November 2006 bei der
Konferenz »Globalisierung fair gestalten« in Berlin hielt. Angela Merkel
meinte dort:

»Heute besteht die Sorge, welche Art von Arbeit wir zu welchen Bedingungen künftig überhaupt noch leisten können, um wettbewerbsfähig zu
sein … Die Soziale Marktwirtschaft, auf die wir in Deutschland sehr stolz
sind, hat es über einen relativ langen Zeitraum nach dem Zweiten Weltkrieg geschafft, den Widerspruch zwischen Kapital und Arbeit, der in den
vergangenen Jahrzehnten auch sehr viele Opfer gefordert hat, in einer
Weise zu lösen, dass die Arbeitnehmerinnen und Arbeitnehmer und die
Unternehmer in einem großen Maße zufrieden waren … Wir erleben
heute allerdings auch – und darauf muss man innerhalb der Europäischen Union immer wieder hinweisen –, dass die Aufnahme neuer Mitgliedstaaten … auch deshalb sehr erfolgreich ist, weil durch die Mitgliedschaft in der Europäischen Union auch die Standards der Europäischen
Union eingehalten werden müssen. Das gilt sowohl für den ökologischen
Bereich als auch zum Teil für den sozialen Bereich … Das führt dazu, dass
der Abstand bei den Löhnen zum Teil sehr rapide schwindet … Wir stehen vor der Frage: ›Inwieweit brauchen wir internationale Vereinbarungen, die bestimmte Mindeststandards festlegen und wo werden wir uns

über ein gemeinsames Wertesystem im Klaren sein?‹ Ich persönlich bin der Meinung, Globalisierung wird nicht funktionieren, wenn es zwischen den Teilnehmern, d. h. den Ländern dieser Erde, nicht ein Minimum an gemeinsamem Wertevorrat gibt … Deshalb ist nach meiner festen Überzeugung das Thema Welthandel ohne bestimmte Mindeststandards nicht zu diskutieren … Wir müssen – das will ich allerdings auch deutlich sagen – in der Weltgemeinschaft auch darüber sprechen, dass wir den Ländern, die Rohstoffe haben, heute aber arm sind, diese Rohstoffe nicht rauben, sondern mit ihnen einen fairen Handel treiben … Die Welthandelsorganisation kennt als eine der wenigen multilateralen Organisationen richtige Sanktionsmechanismen, sodass die Einhaltung der Standards auch hinterher eingeklagt werden kann … Wer weiß, wie sehr von den einzelnen Akteuren vermieden wird, ein Welthandelsorganisationsverfahren sozusagen an den Hals zu bekommen und wie man dann doch versucht, sich zu einigen, der weiß, wie gut es wäre, wenn wir hier auch bestimmte Mindeststandards unterbringen könnten.«

Dieses Statement macht zumindest deutlich: Das Problem ist erkannt. Soziale und Umweltstandards müssen auch im internationalen Handel eine wesentlich stärkere Rolle spielen als heute. Die Einführung von solchen Standards darf jedoch keinesfalls im Sinne der Abwehr von Konkurrenz aus den ärmeren Ländern verstanden und konzipiert werden. Die Frage ist nun, welcher Weg zu diesem Ziel führen kann. Das nächste Kapitel wird deutlich machen, inwiefern der Vorschlag eines Global Fair Trade-Systems eine gerechte und zugleich hoch dynamische Formel der Wohlstandssicherung für alle Menschen in der Welt ist.

Kapitel 3

Die Wohlstandsformel: Fairer Welthandel

Wie das vorherige Kapitel zeigte, leidet heute nicht mehr nur die Masse der Menschen in den Entwicklungsländern unter unfairem Handel. Auch immer weitere Kreise in den Industrieländern bis hinein in den Mittelstand und ins Bildungsbürgertum werden durch den inzwischen einsetzenden Bumerangeffekt von »High-tech-Transfer plus Lowincome« zu Verlierern unfairer globaler Handelsbedingungen. Fairer Handel war lange Zeit nur eine Forderung von Hilfswerken und wurde von diesen nur unter dem Vorzeichen der Hilfe für ausgebeutete Menschen in den Entwicklungsländern gesehen. Erst in jüngerer Zeit fordern Autoren wie beispielsweise der Chef der Wirtschaftsredaktion des *Spiegel*, Gabor Steingart, unter fast umgekehrten Vorzeichen »fairen Handel«: Sie wollen den »fairen Handel« innerhalb der EU vor »unfairer ökologischer und sozialer Dumping-Konkurrenz« aus Entwicklungsländern schützen.

Die unterschiedlichen Motive für das Plädoyer für fairen Handel führen logischerweise auch zu unterschiedlichen Vorschlägen und Konzepten, wie dieser sichergestellt werden soll. In diesem Kapitel werden die bisherigen Konzepte für fairen Handel näher beleuchtet. Es wird sich dabei zeigen, dass diese Konzepte grundsätzlich sehr berechtigte Anliegen und Absichten haben, aber am Ende dennoch viel zu kurz greifen und teilweise sogar kontraproduktiv sind. Der Grund hierfür liegt in ihrer nicht-systemischen, nicht-ganzheitlichen Sicht. Der Vergleich dieser Konzepte mit dem Ansatz des Global Fair Trade-Systems macht deutlich, warum dieser die Interessen aller Seiten ganz unvergleichlich besser schützt und wesentlich bessere Ergebnisse für alle hervorbringt. Fairer Handel, so wird dieses Kapitel ebenfalls zeigen, ist in der Tat die neue globale Wohlstandsformel – aber erst in der ganzheitlichen Sicht eines Global Fair Trade-Systems.

Die – begrenzte – Macht des Einkaufswagens

Auch wenn auf den nächsten Seiten die kritischen Anmerkungen zur Fair-Trade-Bewegung überwiegen werden, so soll damit deren überaus wertvolle historische Leistung nicht gemindert werden. Die Fair-Trade-Bewegung hebt keinesfalls nur auf die Marktausweitung von fair gehandelten Produkten ab. Sie hat sich in einem neun Punkte umfassenden Zielkatalog auch auf die Verbesserung des globalen Handelssystems in Richtung auf Fairness und Gerechtigkeit verpflichtet und geht hierfür mit den Mitteln zivilgesellschaftlicher Lobbyarbeit vor. Der Bewertung von Wolfgang Sachs und Tilman Santarius in dem Buch *Fair Future – Begrenzte Ressourcen und globale Gerechtigkeit* kann man sich nur anschließen: »Es wäre nicht erstaunlich, wenn zukünftige Historiker auf die Fair-Trade-Bewegung als auf ein Laboratorium für die Neugestaltung der Weltökonomie zurückblickten. In einer Nische werden da Prinzipien ausprobiert, die eines Tages zu Bausteinen einer zukunftsfähigen Welthandelsordnung werden können.« Die Autoren wollen zu der Erkenntnis beitragen, dass die Zeit für einen mutigen Schritt zur Durchsetzung einer Rahmenordnung fairen Handels zumindest für den EU-Markt und alle Unternehmen, die mit diesem Handel treiben wollen, gekommen ist. Es ist ein Punkt erreicht, an dem nunmehr systemische Lösungen entwickelt und umgesetzt werden. In diesem Sinne wäre eine enge Zusammenarbeit zwischen allen, die für Fair Trade eintreten, sehr wichtig und wünschenswert.

Die Befürworter von »fairem Handel« aus der Szene der Entwicklungsorganisationen setzen bisher noch vor allem auf »die Macht des Einkaufswagens«, wie beispielsweise ein Artikel vom 28. Dezember 2006 in der Wochenzeitung *Die Zeit* überschrieben war. Sie vertrauen auf die Überzeugungskraft von »fair gehandelten Produkten«. Wenn genügend Menschen auf solche Produkte umsteigen, könnte sich dies mit der Zeit zu einer flächendeckenden Bewegung entwickeln und fairer Handel wäre auf diese Weise dann zur Realität geworden.

Tatsächlich hat die Bewegung für fairen Handel das Bewusstsein vieler Menschen verwandeln können und immer mehr so genannte »fair gehandelte Produkte« haben die Nische der Eine-Welt-Läden längst verlassen. Sie finden Eingang in die Produktpaletten bei großen Handelsketten. In den letzten Jahren lag nicht zuletzt dadurch das Wachstum des fairen Handels bei jeweils etwa 20 Prozent.

Natürlich hat der so motivierte faire Handel sehr gute Argumente auf seiner Seite. Wie kann es jemand als fair empfinden, wenn jedes Jahr Zehntausende Menschen an Pestizidvergiftungen sterben, nur weil wir die Baumwolle für unsere Kleidung so billig wie möglich haben wollen? Wie kann es jemand als fair empfinden, wenn eine Viertel Milliarde Kinder Teppiche knüpfen, in Steinbrüchen arbeiten oder gar sich prostituieren müssen, nur weil sie und ihre Familie sonst nicht überleben könnten? Auf unsere Verhältnisse übertragen: Wer würde es als fair empfinden, wenn wir jemanden aus unserer Nachbarschaft engagieren, der einen halben Tag lang unseren Rasen mäht und unseren Garten auf Vordermann bringt und wir ihn dafür mit insgesamt 15 Euro-Cent entlohnen? Jeder Mensch weiß heute nur zu genau, unter welch unwürdigen Bedingungen viele Menschen rund um die Welt für die Produkte arbeiten müssen, die wir täglich und billig in unseren Läden erwerben.

Die Menschenrechte vieler werden für unseren Wohlstand und Luxus mit Füßen getreten. Wir akzeptieren, dass allein die Unternehmen in Deutschland jedes Jahr fast 30 Milliarden Euro nur dafür ausgeben, uns per Werbung mitzuteilen, wie gut diese Creme unsere Falten verdeckt und welchen zusätzlichen kleinen Kick uns jenes neue Auto verschafft. Und wir sind gern bereit, diese Werbebotschaften als Bestandteil der Preise unserer Produkte zu bezahlen. Nach einer Untersuchung der Tageszeitung *taz* aus Anlass des Welthandelsgipfels 2005 in Hongkong wäre nur genau diese minimale Differenz nötig, um die Baumwollbauern in Afrika so zu bezahlen, dass sie ohne Kinderarbeit, ohne Hunger und ohne Zukunftsängste leben könnten.

Die Förderer des fairen Handels fragen zu Recht: Warum verhalten sich andere Anbieter nicht in derselben Weise? Die Antwort ist einfach: Abgesehen von einem relativ kleinen Markt von schon heute sehr bewusst einkaufenden Kunden folgt der Großteil des Marktes ausschließlich den Marktgesetzen, und diese besagen: Auch kleinste Unterschiede im Einkaufspreis entscheiden darüber, welcher Anbieter den Zuschlag erhält. Kleine Unterschiede entscheiden also über große Aufträge. Wer nur wenig teurer ist, geht das Risiko ein, nicht nur weniger Aufträge zu erhalten, sondern gleich sehr viel weniger oder auch gar keine mehr. Großeinkäufer argumentieren zu Recht, dass bei Massenprodukten kleine Preisunterschiede in der Herstellung beziehungsweise beim Zulieferer schnell zu einer Alles-oder-nichts-Situation bei der Auftragsvergabe führen. Deshalb macht der kleine Unterschied im Preiskampf den entscheidenden Unterschied im Kampf um den Kunden im Laden. Wer die anderen unterbietet, hat den Markt gewonnen.

Wie passt nun beides zusammen – einerseits die Erfahrung, dass man durch fairen Handel offensichtlich sogar Kunden gewinnt, andererseits die tagtäglichen Erfahrungen des »normalen« Marktes, die offenbar sehr stark gegen allzu viele Chancen für einen fairen Handel sprechen?

Der bekannte deutsche Soziologe Ulrich Beck nennt den Konsumenten den »verkannten Machtfaktor« in einer globalen Zivilgesellschaft. Der Konsument sei ein »schlafender Riese« mit der letztlich alles entscheidenden Marktmacht. Niemand sonst als er entscheide schließlich darüber, welche Produkte gekauft werden. In dem Maße, wie er bewusste Kaufentscheidungen treffe für faire und nachhaltige Produkte, könne sich kein Produzent und kein Händler diesem Diktat verschließen.

Ist fairer Handel also nur eine Frage der Informiertheit der Konsumenten und eine Frage ihres ethischen und politischen Bewusstseins?

Die Fair-Trade-Bewegung hat hier Beachtliches geleistet. Der Konsument ist heute in der Tat besser informiert über seine Marktmacht und besser motiviert, diese auch einzusetzen. Der Anteil ökologisch sauberer und sozial fairer Produkte am Markt wächst stetig. Nicht nur Kaufhäuser und Versandhäuser, auch Discounter nehmen immer mehr Fair-Trade-Produkte in ihr Sortiment auf. Teilweise erreichte die Fair-Trade-Bewegung diese Fortschritte durch scharfe Attacken gegen die bekannten Handelshäuser, sodass diese um ihr Image fürchteten und schließlich einlenkten. Teilweise, wie beispielsweise bei Otto, geschieht die Trendwende im eigenen Unternehmen aufgrund eigener Überzeugung der Inhaber beziehungsweise des Führungspersonals.

Doch gut meinende NGOs und gut meinende Unternehmer können auch gemeinsam die Schneise im Markt für fairen Handel nicht beliebig erweitern, selbst wenn zunächst einige Zahlen dafür zu sprechen scheinen:

Die beiden amerikanischen Meinungsforscher Paul H. Ray und Sherry Ruth Anderson stellten in einer groß angelegten Studie fest, dass in den USA die Zahl der ökologisch und sozial bewusst handelnden Menschen von den 1960er Jahren bis zur Jahrtausendwende von fünf auf 25 Prozent angewachsen ist. Diese Studie über die so genannten »Cultural Creatives«, wie Ray und Anderson diese Bevölkerungsgruppe nennen, trug sehr zur

Ermutigung der Fair-Trade-Bewegung bei. Folgestudien bestätigten ganz analoge Zahlen auch für Europa. Diese Studien zeigten ein verblüffend starkes Wachstum dieser Menschengruppe in den vergangenen Jahrzehnten auf und deren potentiell große Marktmacht. Ein wesentliches Ergebnis ihrer Studie war jedoch auch, dass die »Cultural Creatives« sehr viel schlechter in der Gesellschaft und am Markt organisiert sind als die beiden anderen großen gesellschaftlichen Gruppierungen, die »Traditionalisten«, die an überkommenen Lebensweisen festhalten, und die »Modernisten«, die jeder neuen Modewelle nachjagen. Die »Cultural Creatives« sind vor allem Individualisten sowie Menschen, die sich eher in kleinen Gemeinschaften zusammentun oder in losen Netzwerken und nicht in großen und straff durchorganisierten Organisationen wie Gewerkschaften oder Lobbygruppen.

Erst die genannte Studie trug dazu bei, dass man in diesem Teil der Gesellschaft intensiver über Maßnahmen zu einer besseren Organisation der eigenen Ziele und Interessen nachdachte. Man begann, bestehende Medien und Unternehmen für die potentielle Marktmacht der »Cultural Creatives« zu interessieren oder auch eigene neue Medien und Unternehmen für diese zu gründen. Inzwischen haben sich selbst manche typische Traditionalistengruppen für den neuen Trend aufgeschlossen und selbst manche klassische Modernistenszenen. Die Frauen- und Modemagazine *Elle* und *Vanity Fair* beispielsweise propagieren den neuen Promi-Lifestyle »Lohas« – den »Lifestyle of Health and Sustainability«, nach dem nur noch gekauft werden darf, was gesund und nachhaltig ist.

Neuere Untersuchungen benennen den Anteil der Menschen, die sagen, sie nähmen soziale und ökologische Aspekte von Produkten und Produktionsweisen sehr ernst, auf bereits 80 Prozent. Gleichzeitig liegt der Anteil derer, die ihr Kaufverhalten tatsächlich auch dementsprechend ausrichten, weit darunter. Nur jeder Zehnte davon bleibt bei der Nagelprobe der Umsetzung in das eigene Handeln konsequent, also nur 8 Prozent der Gesamtbevölkerung in den Industrieländern. Und selbst von diesen 8 Prozent ist es wiederum nur ein sehr kleiner Teil, der konsequent bei *allen* Kaufentscheidungen auf dieser Linie bleibt. Bei weitaus den meisten »bewussten Konsumenten« erschöpft sich das eigene »faire Handeln« im Kauf von einigen wenigen Produkten fairen Handels.

Auch wenn die Aktivisten fairen Handels für das Jahr 2006 einen Zuwachs von 40 Prozent im deutschen Markt vermelden konnten, so bedeutet dies für den Gesamtmarkt einen Anteil im Promillebereich. Realistisch eingeschätzt gibt sich noch immer die breite Masse der bereits Gutmeinenden mit symbolischem Handeln zufrieden und verhält sich bei der großen Masse der eigenen Kaufentscheidungen weiterhin ganz im Sinne der traditionellen Marktlogik.

Vor allem sind die Unterschiede in der Konsequenz des eigenen Handelns sehr groß entlang der Höhe des Einkommens der Menschen. Wer über ein sorglos gutes Einkommen verfügt, kann sich wesentlich leichter ein »verantwortungsvolles Konsumieren« leisten als andere, die über geringe Einkommen verfügen oder ihre Arbeitsplätze und damit ihre Einkommen als gefährdet ansehen. Im Zweifelsfall sind die eigenen Ängste stärker als ein schlechtes Gewissen. Vielen genügt für ein gutes Gewissen, dass sie gelegentlich »fair gehandelten Kaffee« trinken. Damit ist für die meisten sehr gut vereinbar, ansonsten nach der Philosophie »Geiz ist geil« einzukaufen. Ihr Bewusstsein reicht nicht so weit, konsequent und beharrlich für einen rundum fairen Handel einzutreten. Sie spenden zwar gelegentlich etwas Geld für ein soziales Projekt. Aber wir haben noch lange keine breite und entschlossene Bewegung für eine wirklich *systemische* Überwindung der Armut in der Welt und für die Etablierung eines fairen Welthandelssystems. Nüchtern betrachtet ist die Marktmacht des Einkaufswagens eher noch ein Wunschbild, das an realer Wirkung nicht mehr erzeugt als eine minimale Änderung des Kaufverhaltens in Richtung mehr Marktanteile für fairen Handel.

Gründe für die noch begrenzte Bereitschaft der Wirtschaft zu fairem Handel

Analoges gilt für das Pendant auf Seiten der Wirtschaft. Dort gewinnt zwar »Corporate Social Responsibility« (CSR), die Wahrnehmung sozialer Verantwortung für eine nachhaltige und faire Entwicklung, unbestreitbar an Bedeutung. Die Erwartungshaltung der Gesellschaft an die Wirtschaft bewegt sich in Richtung CSR. Und auch innerhalb der Wirtschaft wird CSR immer mehr als ein erfolgreiches Konzept der Marktbehauptung und Marktausweitung erkannt. Und dennoch sind die realen Schritte zu fairem Handel sehr begrenzt.

Zunächst zu den positiven Entwicklungsschritten: Kofi Annan, der vorige UN-Generalsekretär, regte im Jahr 1999 einen »Global Compact« an. Dieser wurde zur Jahrtausendwende 2000 formell ins Leben gerufen. Die teilnehmenden Unternehmen verpflichten sich dabei schriftlich auf Einhaltung und Förderung von grundlegenden sozialen und Umweltstandards, darunter im einzelnen:

• die international verkündeten Menschenrechte zu respektieren und sie innerhalb der Einflusssphäre ihres Unternehmens zu beachten und zu fördern,
• sicherzustellen, dass sie nicht bei Menschenrechtsverletzungen mitwirken,
• das Recht ihrer Beschäftigten, sich gewerkschaftlich zu organisieren, zu respektieren sowie deren Recht auf Kollektivverhandlungen effektiv anzuerkennen,
• alle Formen von Zwangsarbeit oder erzwungener Arbeit auszuschließen,
• an der Abschaffung von Kinderarbeit mitzuwirken,
• jede Diskriminierung in Bezug auf Beschäftigung und Beruf auszuschließen,
• eine vorsorgende Haltung gegenüber Umweltgefährdungen einzunehmen,
• Initiativen zur Förderung größeren Umweltbewusstseins zu ergreifen,
• die Entwicklung und die Verbreitung umweltfreundlicher Technologien zu ermutigen
• und gegen alle Formen von Korruption, inklusive Erpressung und Bestechung, anzugehen.

Bis heute sind mehr als 4500 Unternehmen dem Global Compact formell beigetreten, darunter die meisten der wirklich bedeutenden Global Players. Neben der Einhaltung dieser Grundsätze verpflichten sich die teilnehmenden Unternehmen ferner dazu, jährlich einen Bericht abzugeben, was sie für diese Standards konkret unternommen haben.

Kritiker weisen jedoch zu Recht darauf hin, dass es sich hierbei lediglich um eine freiwillige Selbstverpflichtung handelt ohne jegliche Kontrolle und ohne jegliche Sanktionsmöglichkeit bei Verstößen. Auch die jährlichen Berichte sind ausschließlich Selbstauskünfte, die niemand auf ihre Stichhaltigkeit und Glaubwürdigkeit überprüft. Als Kofi Annan am 24. Juni 2004 bei einem der jährlichen Treffen der Mitglieder des Global Compact die Forderung stellte, man müsse ein Monitoring installieren, eine wenigstens stichpunktartige Überprüfung der eingegangenen Verpflichtungen, wurde dieser Vorschlag von den Mitgliedsunternehmen einstimmig abgelehnt. Die Sorge um Wettbewerbsnachteile gegenüber Mitbewerbern, die sich nicht an diese Standards halten, wog stärker als die Bereitschaft, sich einseitig auf die Kontrolle der eingegangenen Verpflichtungen einzulassen. Selbst Unternehmen, die sich vorbildlich sozial und nachhaltig verhalten, scheuen die Kontrolle, solange diese nur für bestimmte Unternehmen durchgeführt werden sollte und nicht auch für alle anderen Mitkonkurrenten.

Die Gründe sind leicht nachzuvollziehen. Wenn nicht alle das gleiche Risiko der Aufdeckung von Standardverletzungen haben, entsteht leicht folgende absurde Situation: Unternehmen, die sich nicht am Global Compact beteiligen und sich an viele der dort festgelegten Standards nicht halten, sind weniger von öffentlicher Anprangerung bedroht als andere, die Mitglied bei Global Compact sind und sich zu 98 Prozent an alle Standards halten, aber, aus welchen Gründen auch immer, bei einigen Standards noch »schwächeln«. Kontrollen würden sie dem Risiko aussetzen, dass sie für Standardverletzungen öffentlich abgestraft würden, während ihr Konkurrent, der sich weitaus unfairer verhält, gleich doppelt profitieren würde: Er hat ein geringeres Risiko der Entdeckung seiner Verstöße – und er würde auf einem konkurrierenden Markt möglicherweise genau dadurch zusätzliche Marktanteile gewinnen können, dass sein eigentlich viel verantwortungsvoller agierender Konkurrent für dessen Defizite öffentlich gerügt würde. Das verantwortungsvollere Unternehmen würde sich sogar dem Risiko aussetzen, dass sein weniger verantwortungsvoller Konkurrent die Prüfer gezielt auf einige Defizite beim Konkurrenten aufmerksam macht in der Hoffnung, dass er daraus den beschriebenen doppelten Nutzen zieht.

Das große systemische Defizit bei den Konzepten von »Corporate Social Responsibility« und »Fair Trade« ist, dass beide auf Freiwilligkeit beruhen. In jedem funktionierenden Rechtsstaat würde niemand auf die Idee kommen, so grundlegende Menschenrechtsfragen wie die Verhinderung von Sklavenarbeit oder Kinderarbeit einem freiwilligen Codex anheim zu stellen und dessen freiwillige Einhaltung dann völlig unbeaufsichtigt zu lassen. Doch genau dieser Logik folgt das Prinzip der Freiwilligkeit bei fairem Handel und generell bei zentralen Anliegen von Corporate Social Responsibility. Der *scharfe Wettbewerbsdruck* einer offenen weltweiten Marktwirtschaft und das *Prinzip der Freiwilligkeit* bei der Umsetzung wichtiger Anliegen für eine humane und nachhaltige Wirtschaftsweise stehen in eklatantem Widerstreit zueinander. Freiwilligkeit und Wettbewerb sind zwei Prinzipien, die sich in der Praxis weitgehend neutralisieren. Unter dem Vorzeichen massiven Wettbewerbs sind die Spielräume für Konzepte, die auf Freiwilligkeit aufbauen, zumindest ausgesprochen überschaubar. Daher werden sich solche Ansätze nur sehr zögerlich weiter ausdehnen und sie werden aller Voraussicht nach auch auf Dauer sehr weit von einer flächendeckenden Wirkung entfernt bleiben.

Drei Beispiele aus der Praxis mögen verdeutlichen, wo die Schwächen eines Fair-Trade-Ansatzes unter dem Vorzeichen der Freiwilligkeit liegen. Es handelt sich um Fälle, die innerhalb weniger Monate durch die Medien aufgedeckt wurden:

Ein bekanntes Versandhaus engagiert sich ganz besonders für fairen Handel. Es zählt zu den Pionieren in dem Bestreben, den Import von Waren und Konsumgütern mit dem Export von Umwelt- und Sozialstandards zu verknüpfen. Fortlaufend lässt es sich von Experten beraten, um ein Höchstmaß an Vorbildlichkeit und Kontrolle zu erreichen und dadurch die hässlichen Bilder von Kindern bei der Herstellung seiner Produkte zu vermeiden.

Doch dann dies: Bei einer Recherche bei einem Subunternehmer eines Lieferanten dieses Versandhauses in Indien stießen die Journalisten auf genau dieselben Bilder, die man von deutlich weniger sozial verantwortungsvollen Unternehmen kannte: Kinder weit unter 15 Jahren, die von ihren Eltern aus erdrückender Not gegen minimales Geld an Fabrikbesitzer verkauft wurden; Kinder, die auch nach vier Monaten noch keinen einzigen Cent erhielten, »weil sie noch lernten«, wie der Fabrikleiter begründete; Kinder, die wie Sklaven gehalten werden.

Nach eigener Prüfung des Falles gestand das Versandhaus die beschriebenen Zustände ein. Der Subunternehmer darf nicht mehr für dieses Versandhaus arbeiten. Aber der eigentliche Lieferant liefert weiter. Erst als bei diesem eine zweite Produktionsstätte im selben Zustand entdeckt wurde, war auch der Lieferant aus dem Geschäft.

Wie war dies möglich? Das Versandhaus ließ alle seine Lieferanten einen in der Tat tadellosen Verhaltenskodex unterschreiben, der einen solchen Fall ausschließt – eigentlich. Denn natürlich kann ein Versandhaus, das Tausende von Produkten führt, unmöglich für alle Produkte und deren Lieferanten und Subunternehmer die Kontrollen organisieren und bezahlen, die nötig wären, um völlige Sicherheit zu gewährleisten, wenn dies die Mitkonkurrenten am Markt nicht in analoger Weise tun. Dies geht nur durch ein wettbewerbsneutrales System, wenn sich die Lasten auf alle umfassend und fair verteilen. Wer nicht Nischenmärkte bedient, muss dem Kundenwunsch nach Qualitätsware zu Billigpreisen gerecht werden, sonst verliert er seine Kunden. Das aber geht nur, wenn man – ebenso wie die Konkurrenz – im Grenzbereich zu inhumanen Bedingungen produzieren lässt. Selbst wenn man sein Möglichstes tut, damit bestimmte Grenzen der Würde des Menschen nicht unterschritten werden, verlangt ein flexibler Markt auch Flexibilität bei den Lieferanten. Diese können schnell explodierende Nachfragen für bestimmte Produkte nur bedienen, wenn sie Subunternehmer und Sublieferanten in ihr System einbauen. Und spätestens hier beginnt ein Bereich, der mit den bestehenden Systemen nicht mehr zu kontrollieren ist, auch wenn im Verhaltenskodex steht, dass die Vertragslieferanten auch für deren Zulieferer die Hand ins Feuer legen müssen. Ein Wirtschaftsexperte aus Neu-Delhi schätzt, dass allein in seiner Stadt mehrere tausend illegale Bekleidungswerkstätten existieren.

Ein zweites Beispiel: Eine der bekanntesten Markenfirmen steht für Qualität und hohe Preise. Der Kunde dieser Marke erwartet, dass die hohen Preise nicht nur die Qualität des gekauften Produkts garantieren, sondern auch, dass es unter ökologisch und sozial korrekten Bedingungen hergestellt wurde. Und der Markenartikler bestätigt diese Erwartungshaltung in seiner Werbung. Er präsentiert sich als Vorzeigeunternehmen.

Doch auch hier lautete die Diagnose nach entsprechender Recherche: Kinderarbeit. Das T-Shirt selbst wurde zwar in einem Unternehmen in Neu-Delhi hergestellt, das sich nichts zu Schulden kommen ließ. Für die Stickerei, die das T-Shirt ziert, beauftragte dieses jedoch ein anderes Unternehmen, und dieses produzierte hemmungslos mit Kinderarbeit.

Der hohe Ladenpreis von Markenartikeln ist auch aus einem anderen Grund kein Garant für kinderarbeitfreie Produktion. Auch Markenartikler lassen etwa drei Viertel ihrer Waren in Billiglohnländern herstellen.

Die Produzenten dort verkaufen teilweise dieselben Produkte mit oft nur minimal unterschiedlichen Merkmalen zu sehr unterschiedlichen Preisen in unterschiedliche Märkte: Ein Teil geht an westliche Markenfirmen, ein anderer Teil an Billigverkäufer irgendwo in der Welt.

Noch ein drittes Beispiel: Einer der führenden Discounter lässt die Billigtextilien in seinen Geschäften in China fertigen. Wie ist es möglich, dass er T-Shirts für nur ein paar wenige Euro anbietet? Ganz einfach: Man ersteigert bei entsprechenden Auktionen unterschiedlicher Anbieter ein paar hunderttausend T-Shirts für weniger als einen Euro. Eigentlich müsste jedem klar sein, dass ein solcher Einkaufspreis nicht möglich ist bei der Bezahlung von Mindestlöhnen. Dennoch spricht die Unternehmenskommunikation von einem »wichtigen Anliegen«, dass die Produktion von Waren für das eigene Unternehmen »unter menschenwürdigen Bedingungen erfolgt«.

Die Recherche ergab: Der Fabrikbau in der Provinz Jiangsu, einem der Zentren der chinesischen Textilindustrie, ist neu. Die Methoden, mit denen dort gearbeitet wird, sind jedoch alt bekannt: Es sind vor allem Frauen, die dort arbeiten. Da die Fabrikhalle, auf etwa 500 Arbeiterinnen angelegt, weit abseits der nächsten Wohngegenden liegt, baute man gleich Schlafsäle für die Arbeiterinnen mit. Die Arbeitszeit beginnt um 8 Uhr und endet um 21 Uhr, die Schlafsäle werden um 22 Uhr abgeschlossen. Durch diese Konstellation können die Frauen fast rund um die Uhr gut bewacht werden. Solange sie dort arbeiten und schlafen, werden auch Schwangerschaften vermieden.

Da oft auch das Wochenende mit Arbeit ausgefüllt ist, kommen nicht wenige auf mehr als 320 Monatsarbeitsstunden, mehr als das Doppelte der bei uns bekannten Arbeitszeiten. Formell zahlt man etwa den gesetzlichen Mindestlohn, der regional unterschiedlich zwischen 46 und 66 Euro liegt. Aber berücksichtigt man die ebenfalls vorgeschriebenen Überstunden- und Feiertagszuschläge, so liegt der faktische Lohn unter 40 Prozent des Mindestlohns. Löhne werden in China üblicherweise erst viele Wochen verspätet ausbezahlt. Wer also den ausstehenden Lohn für seine längst geleistete Arbeit erhalten will, hat eine hohe Motivation, trotz der Arbeitsverhältnisse seinen Arbeitsplatz nicht zu verlassen.

Wie wird der Discounter seinem als »wichtig« benannten Anliegen nach menschenwürdigen Arbeitsbedingungen gerecht? Auf Rückfrage offenbarte die Geschäftsleitung große Hilflosigkeit, wie sie dies in der Praxis erfolgreich bewerkstelligen sollte. Selbst die NGOs, die zur Enthüllung der Missstände beitrugen, sprechen nicht mehr von einfachen Lösungen. Sie fordern, dass der Discounter seine gesamte Zulieferkette auf einen deutlichen Verhaltenskodex verpflichtet. Und sie fügen selbst hinzu, dass dies die Probleme nicht wirklich lösen kann.

Noch einmal sei hier festgehalten: Sowohl die Fair-Trade-Bewegung als auch die Entwicklungslinien von Corporate Social Responsibility sind außerordentlich wichtig und wertvoll. Sie fördern ein Bewusstsein, das in einer globalisierten Weltwirtschaft absolut unverzichtbar ist. Diese Bewusstseinsprozesse werden letztlich auch zu den umfassend greifbaren Ergebnissen führen, die wir brauchen. Wer sich als Kunde oder als Unternehmer diesem notwendigen Prozess entzieht, trägt in verantwortungsloser Weise zur Fortsetzung der heutigen ungerechten und gefährlichen Weltlage bei, und er wird über kurz oder lang die Folgen massiv zu spüren bekommen. Und dennoch wäre es unklug, die Defizite und Konstruktionsfehler der bisherigen Fair-Trade-Konzepte zu verschweigen, nur weil sie in eine richtige Richtung weisen. Die bisherigen Fair-Trade-Konzepte weisen in die richtige Richtung, doch sie weisen eben diese Defizite und Konstruktionsfehler auf, die nachfolgend aufgezeigt werden.

Unerwünschte Nebenwirkungen

Freiwilligkeit als Basis von Fair-Trade-Konzepten reduziert nicht nur deren Wirkradius, sondern sie hat mehrere weitere Nebenwirkungen, die sicher nicht im Sinne von deren Erfinder sind. Sobald das vorgeschlagene Global Fair Trade-System eingeführt sein wird, werden nicht nur alle in der EU produzierten, sondern auch alle in die EU importierten Produkte daraufhin überprüft sein, dass sie nicht von Kinderhand produziert sind. Doch solange dies nicht der Fall ist, herrscht folgende Logik:

Wenn Firmen dazu gebracht werden sollen, beispielsweise keine handgeknüpften Teppiche mehr zu handeln, bei denen Kinderarbeit mit im Spiel sein könnte, dann bedarf es dazu eines hinreichenden öffentlichen Drucks. Man braucht die öffentliche Problematisierung von Kinderarbeit im Teppichhandel, um Händler dazu zu bewegen, Teppiche durch

Kinderarbeit gefertigt aus ihrem Sortiment zu nehmen, aber auch um Kunden zu motivieren, keine Teppiche mehr zu kaufen, an denen vermeintlich Blut von Kinderhänden klebt. Auch wenn man gleichzeitig eine Alternative von Teppichen anbietet, für die man ein Zertifikatssystem »frei von Kinderarbeit« ersonnen und etabliert hat, bleiben viele unerwünschte Nebeneffekte. Greifen wir auf ein reales Beispiel zurück. Anfang der 1990er Jahre starteten Hilfswerke eine Kampagne gegen Kinderarbeit im Teppichhandel. Sie entwickelten dabei parallel ein konstruktives Lösungskonzept: die Einführung des *Rugmark*-Labels. Dieses wurde an Firmen vergeben, die sich einer stichprobenartigen Kontrolle unterzogen, dass in ihren Produktionsstätten keine Kinder arbeiten.

Um Rugmark-Teppiche am Markt durchzusetzen, eröffneten die beteiligten Hilfswerke eine Medienkampagne. Doch diese hatte nicht nur das Ergebnis, dass mehr Teppichhändler auf Rugmark-Teppiche umstiegen und mehr Kunden nach Rugmark-Teppichen fragten. Der Ruf handgeknüpfter Teppiche insgesamt litt massiv unter dieser Kampagne. Immer mehr Kunden zogen eine andere als die erwünschte Konsequenz: Sie kauften lieber gar keine handgeknüpften Teppiche mehr, als immer an Kinderarbeit denken zu müssen, wenn man auf den Teppich im eigenen Wohnzimmer blickt. Auch der Gedanke an die möglicherweise kritisch fragenden Augen von Besuchern, ob man da nicht eventuell ein höchst unethisches Produkt auf dem Boden liegen habe, wirkte wenig verkaufsfördernd.

Der schwächer werdende Markt zog eine zweite Folgewirkung nach sich: Die Preise für praktisch alle handgeknüpften Teppiche brachen ein, gleichgültig ob diese ein Rugmark-Siegel trugen oder nicht. Allein eine kritische Sendung über Kinderarbeit in Nepal im Politmagazin »Panorama« führte zu einem Einbruch der Preise für Nepal-Teppiche über Nacht um 30 Prozent. Der nepalesische Teppichhandel hat sich von diesem Preisschock nie mehr erholt. Die Folge der gut gemeinten Medienaktion für die Knüpferfamilien in Nepal: Mit dem Preissturz haben sich auch die Einkommen schlagartig um 30 Prozent reduziert und obendrein verkaufen sie weniger Teppiche als zuvor. Die großen Verlierer waren genau jene Familien, denen die Kampagne eigentlich helfen sollte.

Die noch größeren Verlierer waren die Kinder dieser Familien: Aus Angst, dass die zu diesem Zeitpunkt durchaus vorhandene sehr problematische Kinderarbeit ihnen noch weiteren Schaden zufügen könnte, wurden die meisten Kinder sehr schnell an der Produktion von handgeknüpften Teppichen nicht mehr beteiligt. Eine spätere Studie zeigte jedoch, dass dies für weitaus die meisten von ihnen keine Verbesserung ihrer Lebenssituation bedeutete. Viele dieser Kinder fand man wieder in Arbeit, diesmal in Minen, Kinderprostitution und ähnlichem.

Wenn einem ernsthaft die Situation der Kinder am Herzen liegt, darf man sich nicht damit zufrieden geben, »für eine gute Sache zu kämpfen«, um dadurch selbst zu einem guten Gewissen zu gelangen. Man muss sich der Folgen seines Handelns bewusst sein und dafür Verantwortung übernehmen. Und hier muss man vor allem erkennen: Medienkampagnen gegen *ökologische* Missstände und Medienkampagnen gegen *soziale* Missstände haben völlig unterschiedliche Auswirkungen.

Ökologische Medienkampagnen führen in der Regel zum erwünschten Ergebnis eines nachhaltigen Produktions- und Kaufverhaltens. Das bloße Anprangern von sozialen Missständen, insbesondere in extremen Armutsregionen der Welt, kann hingegen sehr leicht für die Betroffenen völlig kontraproduktiv sein. Wenn Familien nicht anders überleben können als mit Kinderarbeit, muss man zu allererst dafür sorgen, dass das Einkommen der Familien steigt und die Familien deshalb auf das Zusatzeinkommen durch die Arbeit ihrer Kinder verzichten können. Welcher Vater und welche Mutter schickt die eigenen Kinder gern zur Arbeit? Jegliches Handeln, das die ohnehin extrem unwürdigen Lebensbedingungen dieser Familien und ihrer Kinder noch weiter verschlimmern kann, ist fahrlässig und durch nichts zu rechtfertigen.

Das Rugmark-Siegel bedeutet zwar, dass die Manufakturbesitzer an die Teppichknüpfer wenigstens die Mindestlöhne bezahlen müssen. Aber was nützt dies den vielen Familien, die wegen deren Kampagne nun gar kein Einkommen mehr haben oder wegen der insgesamt eingebrochenen Preise für handgeknüpfte Teppiche ein viel geringeres Einkommen als zuvor? Zehn Jahre nach Einführung des Rugmark-Siegels liegt der Anteil von Rugmark-Teppichen aus Nepal bei 10 Prozent. Selbst wenn man annimmt, dass bei allen diesen Produzenten zuvor Kinderarbeit im Spiel war und durch das Rugmark-Siegel dort die Kinderarbeit überwunden worden wäre, dann wäre der entstandene Schaden für die Knüpffamilien in Nepal wegen der unklugen Medienkampagne dennoch um ein Vielfaches höher: Jetzt haben sie noch viel weniger Einkommen und ihre Kinder sind noch mehr gezwungen, zum Einkommen beizusteuern.

Wahrscheinlich ist allerdings eher, dass sich vor allem solche Firmen dem Rugmark-Siegel angeschlossen haben, die aus verschiedenen Gründen auch zuvor keine Kinderarbeit einsetzten. Analoges gilt für Indien, wo der Anteil von Rugmark-Teppichen bei den nach Deutschland exportierten Teppichen nach zehn Jahren immerhin bei 25 Prozent angelangt ist.

In das Netzwerk von Rugmark haben sich vor allem größere Manufakturen integriert und nur wenige von den vielen dezentralen kleinen Familienbetrieben mit einem Knüpfstuhl in ihrer Produktionsstätte. Dafür gibt es sehr unterschiedliche Gründe, zu nennen ist aber dieser: Manufakturen haben mehrere Produktionsvorteile gegenüber Ein-Knüpfstuhl-Familienbetrieben. Letztere können die Wettbewerbsnachteile oft nur dadurch ausgleichen, dass im Notfall auch die Kinder mitarbeiten müssen.

Solange das Fair-Trade-Label Rugmark nicht dafür sorgt, dass auch diese Familien sinnvoll und umfassend in das System kinderarbeitsfreier Produktion integriert werden können, sorgt ihr System für einen weiteren wenig sinnvollen Nebeneffekt: Rugmark fördert ein bestimmtes Segment von Manufakturen in deren knallhartem Konkurrenzkampf gegen Familienbetriebe.

Man muss hier ergänzen: Sklavenartige Kinderarbeit war lange Zeit nicht ein Problem der Familienbetriebe, sondern vor allem ein Problem von Manufakturen. Nicht alle, aber viele Manufakturen nutzten die wirtschaftliche Schwäche ihrer Mitarbeiter schamlos dazu aus, sie immer schlechter zu behandeln und irgendwann auch Kinder einzusetzen. Kinder waren nicht nur noch billiger, ihre niedrigeren Löhne erhöhten auch noch einmal den Lohndruck auf die erwachsenen Mitarbeiter. So »rechnete« sich dieser schäbige Ausbeutungskreislauf für diese Manufakturen lange Zeit prächtig. Kinderarbeit im Teppichhandel bewegte sich lange Zeit in den Familienbetrieben in aller Regel im Bereich der Familienmitarbeit, die in den Kulturen des Iran oder Indiens vor allem in ländlich geprägten Regionen völlig normal war. Der Teufelskreis in eine sklavenartige Kinderarbeit wurde durch Manufakturen ausgelöst, die sich durch den Einstieg in die Kinderarbeit Wettbewerbsvorteile verschafften und den Preisdruck auch auf die Familienbetriebe erhöhten.

Neben diesen beiden Produktionssegmenten der Familienbetriebe und der *ausbeuterischen* Manufakturen gab es jedoch ein weiteres Segment von Manufakturen, die keine Kinderarbeit zulassen wollten. Diese eher *fair produzierenden* Manufakturen wollten sich von ihren ausbeuterischen Kollegen deutlich sichtbar absetzen – durch ein Prädikat »kinderarbeitfreie Teppiche«. Auch wenn deren Absicht sehr positiv zu bewerten ist, darf man die Augen dennoch nicht vor den tatsächlich eingetretenen Effekten verschließen:

Der Marktanteil von 25 Prozent für Rugmark-Teppiche in Indien erschöpft sich in folgendem: Bei Rugmark sind vor allem jene Manufakturen eingestiegen, die zuvor schon kaum oder gar nicht mit Kinderarbeit operierten. Einige (wenige) Manufakturen, die zuvor Kinderarbeit einsetzten, haben sich für Rugmark entschieden und dann tatsächlich die Kinderarbeit bei sich abgeschafft, weil sie sich durch ein saubereres Image auf Dauer bessere Geschäfte erhofften. Die meisten Manufakturen setzten die Kinderarbeit in ihren Betrieben nach wie vor ein. Sie haben einfach anders funktionierende Vertriebswege als das Rugmark-Netzwerk. Es bleiben ihnen offensichtlich genügend Optionen, um ihre Geschäfte weiterführen zu können. Zahlreiche Familienbetriebe können unter den veränderten Marktbedingungen nicht länger mithalten und schließen entweder ihren eigenen Betrieb oder alle Familienmitglieder müssen noch härter arbeiten als zuvor. Viele Familien, die zuvor – mehr schlecht als recht – vom Teppichknüpfen leben konnten, können dies aus den besagten Gründen heute nicht mehr. Aber auch für den »kinderarbeitfreien« Teil des Marktes hat sich die Lage verschlechtert: Allein seit der Jahrtausendwende haben sich die Umsätze im deutschen Teppichhandel schlicht halbiert.

Natürlich kann man hierfür keinesfalls allein eine unkluge Kampagne für ein im Grund sehr gutes Ziel, die Abschaffung der Kinderarbeit im Teppichhandel, verantwortlich machen. Aber das hier dargestellte Beispiel kann einige der in der Tat höchst dramatischen Risiken aufzeigen, die mit einer Fair-Trade-Bewegung verbunden sind, die allein über öffentliche Bewusstseinsarbeit und freiwillige Kundenentscheidungen zu einem fairen Handel kommen möchte. Es sei noch einmal betont: Öffentliche Kampagnen bei Umweltschädigungen haben in aller Regel keine solchen negativen Auswirkungen, sondern führen tatsächlich effektiv zu einem verantwortungsvolleren Umgang mit der Natur. Für öffentliche Kampagnen bei sozialen Missständen, die das Leben der Ärmsten in der Welt betreffen, gelten völlig andere Wirkmechanismen. Es liegt in der Natur der komplexen sozialen und ökologischen Zusammenhänge in einer höchst ungleichen Weltökonomie, dass Soziallabel, anders als Ökolabel, sehr leicht kontraproduktiv wirken können. Hier muss jede Maßnahme sehr konsequent danach beurteilt werden, was sie wirklich bewirkt, und nicht einfach an dem, was sie bewirken soll.

Das Anliegen der Initiatoren von Gütesiegeln für soziale und Umweltstandards soll mit diesen Ausführungen keineswegs diskreditiert werden. Ihr Anliegen, die Menschen und die Umwelt in den Entwicklungs- und Schwellenländern zu schützen, ist absolut richtig und unter jeglichem vernünftigen Gesichtspunkt extrem wichtig. Aber wir müssen darüber nachdenken, weshalb deren Reichweite bis heute letztlich doch sehr begrenzt blieb und weshalb die Wirkungen teilweise dramatisch in eine falsche Richtung liefen. Wir müssen das *richtige Grundanliegen* dadurch stärken, dass wir über *bessere Konzepte* nachdenken, wie es tatsächlich durchgesetzt werden kann.

Fairer Handel durch transatlantische Freihandelszone?

Das Motiv, für einen fairen Handel zu plädieren, ist bei dem zuvor schon erwähnten Gabor Steingart ein völlig anderes. Sein Thema und das von immer mehr westlichen Ökonomen ist in erster Linie nicht der Schutz der Interessen der Ärmsten und Schwächsten in der Welt, sondern der Schutz der Interessen der Wirtschaft in den Industrieländern.

Zahlreiche Branchen gerieten durch die in Kapitel 2 beschriebenen Veränderungen erheblich unter Druck. Durch verantwortungsloses Sozial- und Umweltdumping konnten sich Konkurrenten aus dem Süden sehr problematische Wettbewerbsvorteile verschaffen. In einer auf der globalen Ebene nahezu unregulierten Wirtschaft droht diese Entwicklung in Richtung immer unfaireerem Wettbewerb mit Sozial- und Umweltdumping sich wie ein Krake auszuweiten und bis in die letzten Winkel der Erde vorzudringen.

Bei Gabor Steingart und ähnlich argumentierenden Ökonomen ist das Anliegen, trotz anderer Begründung, aber völlig berechtigt und ausgesprochen wichtig für die Zukunft der gesamten Weltwirtschaft. Ein Wettbewerb, bei dem ausgerechnet der *Mangel* an sozialen und ökologischen Standards den Wettbewerbsvorteil ausmacht, würde nicht nur die vergleichsweise sehr hohen Standards in den alten Industrieländern gefährden und sogar ruinieren. Ein solcher Wettbewerb würde auch die Entwicklungsländer untereinander immer mehr in einen Wettbewerb der Unmenschlichkeit und Umweltzerstörung treiben. Ein solcher Wettbewerb kann nur als kurzsichtig und letztlich zynisch angesehen werden.

Der Schutz der Interessen der westlichen Volkswirtschaften und Gesellschaften vor Sozial- und Ökodumping bedeutet aber nicht, dass deshalb alle dafür vorgeschlagenen Konzepte richtig sein müssen. Nachfolgend soll das Konzept von Gabor Steingart diskutiert werden, weil es bereits recht viel Gehör in Wirtschaftsverbänden fand und nicht zuletzt auch im Bundeskanzleramt. Was schlägt Steingart vor?

Als wichtigstes Abwehrinstrument vor den beschriebenen Gefahren plädiert er für eine transatlantische Freihandelszone. Die USA und Europa sollten sich zusammenschließen: »Zwei Wirtschaftszonen, die EU und die USA, vielleicht noch um Kanada erweitert, würden dem Schwinden ihrer jeweiligen Marktmacht durch die Addition der Kräfte entgegenwirken«, argumentiert Steingart in seinem Buch *Weltkrieg um Wohlstand*. Immerhin repräsentieren diese beiden Wirtschaftsmächte noch immer 60 Prozent der heutigen Weltwirtschaftskraft. Wenn alle Handelsbarrieren diesseits und jenseits des Atlantiks niedergerissen würden, wenn die Standards für Buchführung, technische Normen, Urheberrecht, Börsenrecht und so weiter vereinheitlicht würden, könnte der Handel zwischen diesen Wirtschaftszonen wieder wesentlich intensiver werden. Beide wären dann nicht mehr so sehr auf Indien und China angewiesen und beide gemeinsam könnten gegen diese neu aufkommenden Wirtschaftsmächte stärker auftreten. Steingart führt als einen weiteren Vorteil einer solchen Entwicklung an, dass sich dadurch auch die Finanz-, Sozial-, Steuer- und Umweltpolitik in den USA und in der EU angleichen würden. Europa würde amerikanischer und die USA würden europäischer, wobei er meint, Europa würde flexibler für den globalen Wettbewerb und die USA würden sozialer und ökologischer.

Auf welchem Denken seine Vorschläge beruhen, wird aus folgendem Zitat aus seinem Buch deutlich: »Die im Kalten Krieg bewährte Waffenbrüderschaft könnte im Weltwirtschaftskrieg fortgesetzt werden, wobei das Ziel, Freiheitserhalt und Wohlstandsmehrung, das alte bliebe und nur das Instrument sich verändert hätte … Die Freihandelszone wäre nach innen eine Freiheitszone, die ihren Bewohnern Mut macht, und nach außen wäre sie eine Festung.«

Steingart fällt in seiner gesamten Argumentation tief in das alte Blockdenken zurück: hier der Hort der Freiheit, der Menschenrechte, der vorbildlichen Umweltgesetze und so weiter, dort der Ort des Bösen, der der Missachtung der Menschenrechte, der Zerstörung der Umwelt, der diktatorischen Eingriffe und Steuerungen der Wirtschaft. Nur ist an die Stelle des ehemaligen Ostblocks jetzt der Block des Fernen Ostens getreten.

Ein solcher Denkansatz ist sowohl sachlich fehlerhaft und problematisch als auch strategisch extrem gefährlich. Es ist ein Denken, das uns in einen noch viel schlimmeren Weltwirtschaftskrieg führt. Es spricht jedoch sehr viel dafür, dass wir diesen Krieg nicht gewinnen, sondern verlieren würden. Ein im Kern richtiges Anliegen – der Schutz von sozialen und ökologischen Standards in den alten Industrieländern und deren Ausweitung auf die Weltwirtschaft insgesamt – wird durch Steingarts Vorschläge aufs Spiel gesetzt. Deshalb müssen wir uns noch etwas genauer damit beschäftigen.

Spätestens durch den Irakkrieg haben die USA ihre Glaubwürdigkeit, ein Hort der Freiheit und Menschenrechte zu sein, endgültig verspielt. Sie haben die internationale Gemeinschaft ignoriert, sie stehen moralisch für Abu Ghreib und Guantánamo. Sie verfechten in allen internationalen Organisationen zu allererst und mit aller Vehemenz ihre eigenen egoistischen nationalen Interessen. Aufgrund ihrer politischen und militärischen Macht bringen sie dadurch das Gros der Nationen in eine permanent demütigende Verlierersituation. Sie treten für Freihandel ein, wo dieser ihnen nützt, und sie verteidigen genauso hart das Gegenteil von Freihandel, nämlich eine konsequente Subventionspolitik, wo dies ihrer einheimischen Wirtschaft Nutzen bringt. Weitaus die meisten Länder der Welt fühlen sich von den USA weder bilateral noch multilateral besonders demokratisch behandelt, sondern eher diktatorisch. Weiterhin werden Diktaturen nicht ernsthaft sanktioniert, wenn es sich um befreundete Länder handelt, sondern nur dann, wenn sie als Gegner gesehen werden. Die USA haben viele internationale Standards, die die internationale Gemeinschaft mühevoll erarbeitet hat, bis heute nicht in eigenes Recht übernommen, selbst die UN-Konvention über die Rechte des Kindes nicht. Und weshalb Steingart in den USA auch noch den»Umweltengel«

verleihen will für die weltweite Durchsetzung von Umweltstandards, bleibt sein besonderes Geheimnis. Die USA sind weiterhin mit sehr großem Abstand der größte Umweltsünder auf diesem Planeten. Sie haben nicht nur das Kyoto-Protokoll bis heute nicht unterzeichnet, sondern dazu noch auf andere Länder massiven Druck ausgeübt, dieses ebenfalls nicht zu ratifizieren.

Die Länder der Europäischen Union sowie die EU als Gemeinschaft haben ebenfalls genügend Glaubwürdigkeitsdefizite im Blick auf die angesprochenen Themen, und dennoch verfügen sie über eine wesentlich bessere Glaubwürdigkeit als die USA. Durch ein Zusammengehen mit den USA, um ausgerechnet durch eine Freihandelszone gemeinsam besser und stärker für soziale und ökologischen Standards sowie für Freiheit und Demokratie eintreten zu können, würde auch Europa seine Glaubwürdigkeit vollständig aufs Spiel setzen.

Europa steht für eine ökosoziale Marktwirtschaft, die USA für eine freie Marktwirtschaft, die aber in der Praxis leider immer wieder schnell als Freiheit zu verantwortungslosem Egoismus verstanden und praktiziert wird sowie als Freiheit von sozialen und ökologischen Standards. Damit ist nicht gemeint, dass amerikanische Unternehmer verantwortungsloser agierten als europäische. Die Initiative für SA 8000 (Standard for Social Accountability) entstand beispielsweise in den USA, und viele Impulse für Ethik in der Wirtschaft, Corporate Social Responsibility wie auch für soziale und ökologische Standards kommen aus Nordamerika. Doch für den Stellenwert von ökosozialen Rahmenbedingungen in der Wirtschaftspolitik gibt es sehr wohl klare und markante Unterschiede im Verständnis einer »freien« und einer ökosozialen Marktwirtschaft. Nach dem Verständnis einer »freien« Marktwirtschaft werden globale ökosoziale Rahmenbedingungen noch immer für weitestgehend entbehrlich gehalten.

Durch die Globalisierung sind ökosoziale Standards und ökosoziale Rahmenbedingungen nunmehr sowohl im Interesse der Entwicklungs- und Schwellenländer als auch, wie in Kapitel 2 dargelegt, im wohlverstandenen Interesse der alten Industrieländer. Für eine Offensive in diese Richtung hat die Europäische Union eine vergleichsweise hohe Glaubwürdigkeit, dagegen hat kaum ein Land auf der nationalstaatlichen Ebene eine geringere Glaubwürdigkeit als die USA. Die Initiative für ein Global Fair Trade-System kann daher nur von der Europäischen Union ausgehen. Bevor die USA hier glaubwürdig sein könnten, müssten von diesem Land sehr viele neue Signale ausgehen.

Der zweite grundlegende Einwand gegen Steingarts Überlegungen besteht im alten Freund-Feind-Denken. Die von ihm vorgeschlagene transatlantische Freihandelszone würde von Indien und China und vom Rest der Welt als genau das angesehen, was Steingart selbst schreibt: als eine Kriegserklärung im Sinne des Kalten Krieges, diesmal mit neuen Feinden und mit neuen Mitteln. Das Ziel wäre erneut die weitgehende Abschottung des eigenen Wohlstands, die Verteidigung der eigenen Überlegenheit und der Möglichkeit, überall dort Dominanz auszuüben, wo dies einem selbst nützt. Welche Überzeugungskraft haben vor einem solchen Hintergrund noch hehre Ziele, die man sich auf die Fahnen schreibt? Diese würden als erstes auf der Strecke bleiben, obwohl wir sie gerade jetzt alle miteinander so dringend brauchen.

Wie sehr ein Freund-Feind-Denken die eigene Wahrnehmung verzerrt, dafür liefert Steingart selbst das beste Beispiel. Er übersieht in seinem Buch nicht nur die katastrophale Rolle, die die USA auf nahezu allen Feldern der globalen Umweltschädigungen ungebrochen spielen. Die USA sind in fast allen Umweltdisziplinen Zerstörungsweltmeister. Steingart erwähnt in seinem Buch darüber hinaus nicht eine einzige Information über ein aufbrechendes Umweltbewusstsein in China. Wie schon erwähnt lädt derzeit kein Land mehr Umweltexperten aus aller Welt ein, um die eigene Regierung, die Kommunen, die Medien usw. dabei zu beraten, wie sie sich möglichst schnell auf regenerative Energien und auf Ökoeffizienz umorientieren können. China hat dafür handfeste rationale Gründe: Die Kosten für Umweltschäden haben nach einer regierungseigenen Studie inzwischen bereits das jährliche wirtschaftliche Wachstum überschritten. Ferner treibt kein Land die weltweiten Rohstoffpreise schneller in die Höhe als China, das am schnellsten wachsende und größte Nachfragerland. China vernachlässigte seine Umwelt sträflichst, ist aber bereits auf dem Wege des Umdenkens. Dies kann ein gut informierter Journalist eines der größten Nachrichtenmagazine nur dann übersehen, wenn er es aus ideologischen Gründen übersehen will.

Eine weitere Lehre des Kalten Kriegs ist, dass das Denken in Weltkriegskategorien eskalieren kann, und zwar unabhängig davon, wer damit anfängt. Zu befürchten ist daher, sollten sich Steingarts Vorschläge durchsetzen, ein neuer Rüstungswettlauf. Wie wird dieser aussehen?

Er wird ganz sicher andere Züge tragen als jener während des Kalten Kriegs, obwohl nach einer Entspannungsphase in den neunziger Jahren auch die Rüstungsausgaben erneut drastisch steigen. Mittlerweile haben sie wieder historische Höchststände erreicht. Die neuen Modelle »kalten« oder »heißen« Konfliktverhaltens werden einerseits Modelle einer asymmetrischen Kriegsführung sein, bei denen sich traditionelle staatliche Militärmaschinerien kleinen Terrorgruppen gegenübersehen. In einer Weltsituation asymmetrischer Kriegsführung kann sich leicht die mit Abstand höchstgerüstete Militärmacht der Welt plötzlich als unfähig erweisen, ein Land mit versprengten Gruppen von selbstmordbereiten Terroristen zu befrieden. Aber auch in den Bereichen Technologie, Finanzen, Geopolitik, Umwelt usw. sind viele unschöne und schädliche Strategien denkbar. Nichts ist in einer hoch komplexen Welt gefährlicher, als Anlass für Hass zu geben.

In einer Welt, die täglich mehr miteinander vernetzt und aufeinander angewiesen ist, wird allzu egoistisches und allzu imperiales Verhalten immer gefährlicher. Der einzige *Eigennutz*, der in einer solchen Welt auf Dauer noch funktionieren kann, ist, für den *Gemeinnutz*, also den Nutzen aller, genügend viel zu unternehmen. Unter den Bedingungen starker Vernetzung generiert die Mehrung des Gemeinschaftsnutzens aller an der Vernetzung beteiligten Elemente die besten Effekte auch für den Nutzen jedes einzelnen Elements. In einem Organismus, der nicht die Gemeinschaftsleistung der Hervorbringung eines Gehirns leistet, bleiben der Wirkradius jedes einzelnen Organs sehr begrenzt, gleichgültig wie stark es seine eigenen Interessen verfolgt.

Global fairer Handel als die neue Formel für allseitigen Wohlstand und Frieden

Mit dem noch näher zu beschreibenden Global Fair Trade-System können die Ziele der Fair-Trade-Bewegung und die Ziele von Ökonomen, die sich um die Auswirkungen von Öko- und Sozial-Dumping auf die Firmen in den westlichen Industrieländern Sorgen machen, gleichzeitig erreicht werden. Und sie können weitaus besser erreicht werden als durch deren bisherige Konzepte.

Zwei Gründe für die viel zu kurz greifenden und teilweise sogar kontraproduktiven Wirkungen der bisherigen Fair-Trade-Konzepte wurden in diesem Kapitel erläutert. Ein dritter Grund wird im nächsten Kapitel aufgearbeitet: der Mangel dieser Konzepte an Wettbewerbsneutralität. Bevor wir dies näher diskutieren, sei noch festgehalten: Die eher globalisierungskritischen Anhänger der gegenwärtigen Fair-Trade-Bewegung müssen anerkennen: Fair Trade muss auch für die westlichen Firmen gelten im Sinne des Schutzes vor Öko- und Sozialdumping. Und umgekehrt müssen die eher neoliberalen Anhänger einer westlichen Freihandelszone endlich konsequent anerkennen: Fair Trade muss auch in die Handelsbeziehungen zwischen Nord und Süd einkehren. Wie weit wir von beidem noch entfernt sind, wird aus den in diesem Buch zusammengetragenen Fakten sicher für jeden leicht nachvollziehbar werden.

Einig sind sich alle bisherigen Ansätze für fairen Handel trotz aller Unterschiede darin: Es gibt heute sicher keinen größeren Vernichter von menschlichen und damit auch wirtschaftlichen Potentialen als unfairer Handel. Fairer Handel ist die Voraussetzung für Freiheit, Frieden und Wohlstand. Dies muss nachdrücklich unterstrichen werden:
Zwei Drittel der Menschheit leben heute von weniger als 1,50 Euro (2 US-Dollar) pro Tag und damit weit entfernt von den Entfaltungs- und Produktivitätsmöglichkeiten der gut ausgebildeten Bürger in den Industrieländern. Um wie viel reicher wäre die Menschheit, wenn diese Mehrheit der Weltbevölkerung endlich auch adäquate Entwicklungschancen erhielte?

Unvorstellbare Geldsummen werden heute dafür ausgegeben, die reichen Länder vor den Folgen der immensen globalen Ungleichheit zu schützen. Anstatt in einen Global Marshall Plan zum Ausstieg aus der Teufelsspirale der Armut investiert man lieber in die »Festung Europa«, um Menschen aus Afrika am Zugang nach Europa zu hindern. Oder in einen befestigten Grenzzaun zwischen USA und Mexiko, der fatal an die alte deutsch-deutsche Grenze erinnert. Der Unterschied ist nur: Der eine sperrte Menschen ein, der andere sperrt Menschen aus.

Ferner: Allein die USA geben seit dem Terroranschlag vom 11. September 2001 jährlich mehr Geld für Heimatsicherheit aus, als weltweit zur Finanzierung eines erfolgreichen Global Marshall Plans erforderlich wäre. Dem Terrorismus wäre dadurch der Boden sehr viel effektiver entzogen, denn wer eine klare Perspektive auf konkrete Verbesserung seiner Lebensbedingungen hat, sympathisiert nicht mit Terroristen, sondern erkennt in

Frieden und Zusammenarbeit die besten Rahmenbedingungen für die eigene Entwicklung.

Weiter: Die unfairen Handelsbeziehungen zwischen armen und reichen Ländern halten nicht nur immense wirtschaftliche Potentiale von ihrer Entfaltung ab. Sie binden auch riesige Geldsummen allein in der Bekämpfung der Folgen des Ungleichgewichts in der Welt und blockieren damit deren viel sinnvollere Investition in ein neues gemeinsames Weltwirtschaftswunder, das aus der weltweiten Überwindung der Armut entstehen könnte.

Aber auch in den Industrieländern vernichtet die gegenwärtige Form der Globalisierung gewaltige Wirtschaftspotentiale. Jeder Wirtschaftswissenschaftler und Politiker aller Ausrichtungen betont, dass die mittelständische Wirtschaft das Rückgrat jeder Gesellschaft darstellt. Doch gerade diese ist durch einen Öko- und Sozialdumping-Wettbewerb besonders stark gefährdet. Große Konzerne können leichter ihre Produktion dorthin verlagern, wo die Lohn- und Umweltkosten sowie allgemein die ökosozialen Standards viel niedriger sind als beispielsweise in der EU. Insofern verspielen wir in den reicheren Ländern ebenfalls höchst kostbare Potentiale, indem wir Öko- und Sozialdumping nicht wirkungsvoll angehen. Mittelständische Unternehmen sind laut Studien relativ gesehen weit innovativer als große Konzerne. Sie produzieren in der Summe in den Industrieländern sehr viel mehr Erfindungen und sehr viel mehr Arbeitsplätze als internationale Konzerne. Wenn wir in der Bereitstellung sowohl von Zukunftsinnovationen als auch von Arbeitsplätzen nicht gleichzeitig noch mehr verlieren möchten, sind wir auf Fair Trade im Sinne des Schutzes vor Öko- und Sozialdumping dringend angewiesen.

Wenn wir dieses Doppelverständnis von Fair Trade – faire Handelsbeziehungen für die aufholenden Länder, aber kein Öko- und Sozialdumping – annehmen und nicht einseitig einen der beiden Aspekte betonen, können wir plötzlich eine ganz andere Qualität von Konzepten und Handlungsstrategien entwickeln. Das Global Fair Trade-System stellt ein solches Konzept dar. Es schützt oder fördert nicht nur die Fair-Trade-Anliegen des Südens *oder* des Nordens, sondern von arm *und* reich. Und es eröffnet damit für Süd *und* Nord immense neue Entwicklungspotentiale, die allein durch ein solches Win-Win-Konzept freigesetzt werden können, einfach weil es die Entwicklungspotentiale nicht wechselseitig blockiert, sondern alle gleichzeitig in idealer Weise fördert.

Das vorgeschlagene Global Fair Trade-System hebt für alle, die daran teilhaben, Arbeitslohn und Mindestpreise für Produkte massiv an, und zwar auf ein Niveau, das eindeutig oberhalb der Armutsgrenze liegt. Auf diese Weise kann überall dort, wo Firmen – und sei es über noch so viele Stationen – in den globalen Handel oder in den Handel mit der EU einbezogen sind, die schlimmste Armut in relativ sehr kurzer Zeit besiegt werden. Der oft vorgebrachte Einwand, dass die Produkte aus armen Ländern bei höheren Löhnen dort nicht mehr in den Industrieländern abzusetzen seien, ist wenig stichhaltig. Wie schon angeführt, erhöhen sich die Produktpreise in den Industrieländern dadurch kaum. Außerdem tragen bessere Einkommen im Süden dazu bei, die eigenen Wertschöpfungspotentiale besser zu entwickeln und auf diese Weise die eigene Konkurrenzfähigkeit zu verbessern.

Die höheren Einkommen der Menschen im Süden werden ferner auch alle anderen, die nicht unmittelbar vom Global Fair Trade-System profitieren, dazu anregen, auch ihrerseits deutliche Verbesserungen zu verlangen.

Die Durchsetzung von Mindestlöhnen und Mindestpreisen wird sich zugleich als starke Belebung der regionalen Wirtschaft in den heutigen Armutsregionen auswirken: Wer ein besseres Einkommen hat, wird auch mehr ausgeben und in bessere Ernährung, in bessere Behausungen, in bessere Bildung, in mehr Mobilität und so weiter investieren. Die regionale Wirtschaft wird dadurch einen neuen Nachfrageboom erfahren.

Der Wirtschaftsboom an der Basis der Weltgesellschaft wird aber auch »nach oben« in Richtung der traditionellen Industrieländer wirken. Das Beispiel Malaysia mag dies veranschaulichen. In der wirtschaftsgeschichtlich bisher einmaligen Boomphase von inzwischen rund 40 Jahren Wirtschaftswachstum mit jährlich 5 – 15 Prozent gab es nicht ein einziges Jahr, in dem kein Exportüberschuss im deutschen Handel mit Malaysia zu verzeichnen war. Der deutsche Export nach Malaysia wuchs also konstant mit der Wirtschaft in diesem Land, das von einem der ärmsten und bildungsfernsten Länder der Welt zu einem Superboomland aufstieg.

Mit dem Global Fair Trade-System kann diese Erfahrung auf alle Länder der Welt ausgedehnt werden – mit starken Gewinnen in diesen Ländern wie in den alten Industrieländern. Wenn es einen robusten Aufholboom in den ärmeren Ländern gibt, bedeutet dies für die Industrieländer einen doppelten Wirtschaftsimpuls: Die aufholenden Länder wollen möglichst schnell und möglichst viel von jenen Produkten aus den traditionellen Industrieländern haben, die dort für die rasante High-tech-Entwicklung verantwortlich waren und sind. Dieser konstante Nachfrageboom eröffnet den innovativen Firmen in Deutschland und Europa jene Spielräume, mit denen sie das Niveau ihrer technischen Entwicklungen weiter halten und der weltweiten Nachfrage bestehen können. Insgesamt wird der technische Vorsprung zwar unwiderruflich kleiner, aber wenn wir diesen in der vor uns liegenden globalen Dynamik dazu nutzen, die aufholenden Länder in ihrer Entwicklung zu fördern, können wir sowohl den »Gesamtkuchen« am schnellsten vergrößern als auch die eigene weitere Technologieentwicklung am besten voranbringen. Möglicherweise ist dies die einzige Konstellation, um die in Kapitel 2 beschriebene Dynamik so zu gestalten, dass die traditionellen Industrieländer nicht zum Verlierer werden müssen, während die Schwellen- und Entwicklungsländer immer mehr zu Gewinnern werden.

Da das Global Fair Trade-System neben der Durchsetzung sozialer Mindeststandards gleichzeitig auch die Durchsetzung von Umweltstandards bewirkt, kann das soeben beschriebene humane Weltwirtschaftswunder zugleich auch ein globales ökologisches Wirtschaftswunder sein: Alle Menschen, Organisationen und Unternehmen, die sich für eine Wende der Weltwirtschaft zu nachhaltigen Produktionsweisen einsetzen, erhalten durch das Global Fair Trade-System ein neues und höchst kraftvolles »Objekt kreativer Phantasie«. Sie können durch findige Überzeugungsarbeit, Produkte, Finanzierungsmodelle usw. dazu beitragen, dass sich saubere und ökoeffiziente Technologien wirklich weltweit durchsetzen. Das Global Fair Trade-System erreicht aufgrund seiner Logik genau jene inzwischen sehr weit verstreuten Orte in der Welt, an denen für den globalisierten Teil der Weltwirtschaft produziert wird. Dort findet in der Regel auch das dynamischste Wachstum statt. Die »Ökologisierung« jener Produktionsstätten hat somit den größtmöglichen Effekt für eine schnelle und wirksame Ökologisierung der gesamten Weltwirtschaft. Das Global Fair Trade-System ist somit das mit Abstand stärkste global wirkende umweltpolitische Instrument, das es bisher gab oder über das bisher nachgedacht wurde.

Fairer Welthandel im Sinne des Global Fair Trade-Systems ist tatsächlich eine Wohlstandsformel der neuen Art: Wohlstand, von dem niemand mehr ausgeschlossen wird; Wohlstand, der höchst effizient zu einer weltweit nachhaltigen Wirtschaft führt; Wohlstand, der weltweit Freiheit und Frieden fördert.

Kapitel 4

Wettbewerbsneutralität: Der Schlüssel zur globalen ökosozialen Marktwirtschaft

Die Denkblockaden gegenüber wettbewerbsneutralen Konzepten

Die Erfolgsformel für den so lange währenden immensen Wettbewerbsvorteil der traditionellen Industrieländer lautete: Monopolisierung des Fortschrittswissens. Die Erfolgsformel für den neuen Wettbewerbsvorteil von globalisierten Unternehmen und aufholenden Ländern in der derzeitigen Phase der Globalisierung lautet: clevere Verknüpfung von Fortschrittswissen mit niedrigen Löhnen. Die Erfolgsformel, mit der alle Länder, Unternehmen und Menschen ihre besten Potentiale optimal entfalten können und dadurch eine völlig neue Qualität von humanem Weltwirtschaftswunder erreicht wird, lautet: Wettbewerbsneutralität.

Wenn eine Maßnahme oder Regel wettbewerbsneutral ist, bedeutet dies: die Wirtschaft hat keine systemischen Probleme, diese umzusetzen, selbst wenn es sich um eine sehr weitreichende Maßnahme handelt. Wenn sie nicht wettbewerbsneutral ist, wird sie stets den mehr oder minder heftigen Widerstand von Teilen der Wirtschaft hervorrufen. Wenn es denn so einfach wäre, warum beachten dann so viele dieses so simple Prinzip der Wettbewerbsneutralität bei der Konzeption ihrer Vorschläge nicht?

Was bedeutet Wettbewerbsneutralität genauer? Eine durch eine Regierung beziehungsweise Institution wie die EU getroffene Maßnahme, eine Regelsetzung ist dann wettbewerbsneutral, wenn sie den Wettbewerb zwischen Unternehmen oder auch zwischen Ländern nicht verzerrt, sondern alle Beteiligten am Markt im Prinzip in gleicher Weise betrifft. Der Wettbewerb wird verzerrt, wenn beispielsweise durch ein bestimmtes Steuersystem mittelständische Unternehmen relativ höhere Steuern bezahlen müssen als internationale Konzerne, nur weil sie weniger Ausweichmöglichkeiten haben als letztere. Die Wettbewerbsneutralität wird verletzt, wenn Unternehmen, die auf dem Weltmarkt miteinander konkurrieren, in einem Land hohe Klimaschutzkosten tragen müssen und in einem anderen

Land wesentlich niedrigere. Wettbewerbsneutralität ist außer Kraft gesetzt, wenn in einem Land Kinderarbeit geduldet wird und in einem anderen Land nicht, wenn ein Land langfristige Umweltinvestitionen seiner Energiekonzerne stark fördert und ein anderes Land ganz auf die Shareholder-Philosophie setzt, also auf kurzfristige Gewinnmaximierung seiner Unternehmen – und so weiter.

Die Frage, weshalb bisher so selten politische Maßnahmen dem Prinzip der Wettbewerbsneutralität Rechnung tragen, ist leicht beantwortet: Jedes Land will als erstes seinen eigenen Unternehmen und seinen eigenen Bürgern die besten Vorteile sichern. Die nationalen wettbewerbs*egoistischen* Interessen haben klaren Vorrang vor wettbewerbs*neutralen* Lösungen, selbst dann, wenn eine wettbewerbsneutrale Lösung für fast alle weitaus besser wäre. Die Logik dieses Widersinns: In der Wirtschaft ist ein Wettbewerbsvorteil Gold wert. Solange eine Wettbewerbsverzerrung zu den eigenen Gunsten erhalten oder erkämpft werden kann, ist der relative Vorteil für einen selbst immens. Jedes Unternehmen, jeder Wirtschaftsverband und jedes Land der Welt regt sich sehr darüber auf, wenn andere Mitspieler in der Welt sich für wettbewerbsverzerrende Maßnahmen zum *eigenen Vorteil* entscheiden. Aber dieselben Unternehmen, dieselben Wirtschaftsverbände und dieselben Länder verteidigen ihre eigenen wettbewerbsverzerrenden Maßnahmen mit allen Mitteln.

Wie sehr wir noch von einem wettbewerbsneutralen Denken in der Politik entfernt sind, zeigt folgendes Beispiel: Bei den Welthandelsgesprächen Anfang der 1990er Jahre einigte man sich auf eine offensive Liberalisierung der Märkte. Die Wirtschafts- und Entwicklungsexperten versprachen sich davon einen weltweiten Wohlstandszuwachs von mindestens 15 Milliarden Euro pro Jahr. Der größte Teil hiervon würde den ärmsten Ländern zufließen, so ihre Prognosen. Für alle Wettbewerber sind offene Weltmärkte im Kern ein sehr wettbewerbsneutraler Ansatz, der tatsächlich sowohl die gesamtökonomischen Gewinnmöglichkeiten erheblich ausweitet als auch die Zugangschancen für alle angleicht. Natürlich gilt letzteres nur dann, wenn nicht nur die Schwellen- und Entwicklungsländer ihre Märkte mit klugen Zeitplänen öffnen, sondern ebenso die traditionellen Industrieländer. Doch gerade dies fand nicht statt. Alle internationalen Organisationen von der Weltbank bis zum Internationalen Währungsfonds drängten die Schwellen- und Entwicklungsländer ab 1992 mit teilweise erpresserischen Methoden, ihre Märkte schnell und radikal zu liberalisieren, während die

Industrieländer sich weiterhin zierten, auch ihre Märkte in gleicher Weise zu öffnen.

Als Ergebnis dieser Einseitigkeit und damit dieses massiven Verstoßes gegen das Prinzip der Wettbewerbsneutralität sprechen Studien von einem Wohlstands*verlust* der 48 am wenigsten entwickelten Länder seit dieser Zeit von jährlich 400 Milliarden Euro. Das entspricht nicht weniger als 60 Prozent des gesamten Wohlstandszuwachses der Menschheit insgesamt im selben Zeitraum. Der Westen meint es mit »fairen« Wettbewerbsbedingungen ganz offensichtlich nur dann ernst, wenn diese zum Vorteil seiner Unternehmen sind, wenn also nur seine Unternehmen »fairen« Zugang zu den Märkten aller Länder erhalten. Gleichzeitig gewähren die OECD-Länder allein ihren Bauern staatliche Hilfen in Höhe von 370 Milliarden Euro jährlich, und die EU investiert 40 Prozent ihres Gesamtbudgets in Branchen, die eigentlich nicht mehr wettbewerbsfähig sind, obwohl daran nur 2 Prozent ihrer Arbeitsplätze hängen. Mit diesen extrem wettbewerbsverzerrenden Maßnahmen zerstören die reichen Länder die Existenzgrundlage für viele Millionen Bauern und Industriearbeiter in den ärmeren Ländern. Gegen fast beliebig hohe Exportsubventionen zum Beispiel für landwirtschaftliche Produkte kann kein Unternehmer aus dem Süden konkurrieren, selbst wenn er vollkommen unentgeltlich arbeiten würde. Die Kunden in den Industrieländern müssen völlig überhöhte Preise und überhöhte Steuern bezahlen, damit die daraus gezogenen Gelder bei uns in volkswirtschaftlich dauersubventionsabhängige Branchen fließen und dadurch gleichzeitig kostengünstigeren Konkurrenten aus dem Süden die Existenz zerstört wird. Wäre es nicht viel sinnvoller, wenn im Bergbau und in der Landwirtschaft in den Industrieländern ein angemessenes Mindesteinkommen gesichert würde und wenn ansonsten in diesen Bereichen in Umstrukturierungsmaßnahmen in Richtung Zukunftsaufgaben investiert würde, zum Beispiel in erneuerbare Energien oder, um ein Beispiel aus Griechenland zu nehmen, in den Anbau von Oliven, die nur in Mitteleuropa wachsen?

Doch der Irrsinn der Wettbewerbsverzerrung durch die traditionellen Industrieländer geht noch weiter. Wie sollen die ärmsten Länder eine reelle Chance zum Aufholen oder schlicht faire und wettbewerbsneutrale Marktbedingungen vorfinden, wenn die reichen Länder ihnen die Wertschöpfung an ihren eigenen Produkten verwehren? Eine der Grundlehren der Ökonomie besagt: Je mehr ein Produkt verarbeitet und veredelt wird, desto höher die Wertschöpfung und der wirtschaftliche Nutzen für die Menschen, die an diesem Produkt arbeiten. Je rabiater man es einigen Ländern verwehrt, verarbeitete Produkte auf dem Weltmarkt zu verkaufen, desto mehr schadet man ihnen also. Die OECD-Länder berechnen für verarbeitete landwirtschaftliche Produkte im Handel untereinander in der Regel nur noch etwa 3 Prozent Zölle. Für verarbeitete landwirtschaftliche Produkte aus den armen Ländern berechnen sie hingegen bis zu 43 Prozent. Man nennt dies sinnigerweise »Zolleskalation«. Allein die Aufhebung dieser »Zolleskalation« und deren Ersatz durch *wettbewerbsneutrale* Zölle für Industrie- *und* Entwicklungsländer würde für die armen Länder einen jährlichen Exportzuwachs von 525 Milliarden Euro bedeuten – mehr als das 10-fache der heutigen weltweiten Entwicklungshilfe!

Wie schon erwähnt, hat ein Umdenken in Politik und Wirtschaft bereits begonnen, spätestens seit mehrere Schwellenländer inzwischen wirtschaftlich so stark geworden sind, dass sie derart einseitige internationale Abkommen nicht mehr mittragen. Aber noch steckt dieses Umdenken auf diesen beiden Sektoren in den ersten Anfängen und noch hat ein rücksichtslos nationalegoistisches oder unternehmensegoistisches Denken und Handeln viel zu viele Repräsentanten und Lobbyisten.

Die immensen Vorteile von wettbewerbsneutralen Lösungen sind von zu wenigen verstanden worden. Dies gilt auch für die Akteure in der engagierten Zivilgesellschaft. Die meisten von ihnen sind so stark enttäuscht von der Wirksamkeit internationaler Abkommen und internationaler Organisationen, dass sie lieber auf Aktionen von Bürgern, auf Veränderungen im Konsumentenverhalten und auf pragmatische kleine Veränderungen in der kommunalen bis nationalen Politik setzen. So verständlich diese Enttäuschung ist, so verhängnisvoll ist sie dennoch in Bezug auf die Wirksamkeit von Lösungskonzepten. Denn für wettbewerbsneutrale Lösungen gilt leider: Alle Lösungskonzepte, die nur einen Teil der Konsumenten oder einen Teil der Unternehmen oder einen Teil der Länder ansprechen, können unmöglich wettbewerbsneutral sein. Alle diese Lösungskonzepte provozieren daher aus klaren systemischen Gründen den Widerstand eines Teils der Länder oder eines Teils der Wirtschaft oder erreichen von vornherein nur einen Teil der Konsumenten. Wer auf das System bezogen denkt – und gerade in Ökosystemen Denkende müssten doch eigentlich die besten Systemdenker sein –, der muss systemische Lösungen als die besten Lösungen erkennen und sich für diese einsetzen. Wettbewerbsneutralität folgt aus klarem, systemischem Denken.

Menschen und Gruppen, die sich mit ökosozialen Fragen befassen, müssten ihre bisherigen Denklinien für Konzepte, die in bestimmten Teilbereichen etwas bewegen, keineswegs aufgeben, um auch auf der systemischen Ebene – und das ist heute vor allem die globale Ebene – visionär und kraftvoll mitzudenken. Jedes erfolgreiche Einzelbeispiel ist wertvoll zur Stärkung der Hoffnung auf wirksame Veränderungen. Angesichts der Dimension und Dringlichkeit der globalen Herausforderungen wäre eine Haltung des Aufgebens auf dieser Ebene letztlich sogar zynisch. Niemand, der etwas bewegen will, sollte sich das Recht herausnehmen, die Hoffnung auf und die Arbeit an systemischen Veränderungen aufzugeben.

Die großen Chancen von wettbewerbsneutralen Konzepten

Dies gilt umso mehr, als in allen Sektoren der Weltgesellschaft die Öffnung für und das Nachdenken über wettbewerbsneutrale Lösungskonzepte längst begonnen hat. Wettbewerbsneutrale Lösungen haben offensichtlich große Chancen.

Eine erste ungewöhnliche Initiative aus der Wirtschaft, die dem Prinzip der Wettbewerbsneutralität entsprach, kam ausgerechnet aus der Teppichbranche. Die führenden europäischen Importeure von handgeknüpften Teppichen sowie deren Verband wandten sich 1995 formell an die EU-Kommission mit der Bitte, dass diese eine wettbewerbsneutrale Abgabe auf alle Teppiche erheben möge, die in die EU importiert werden. Sie schlugen hierfür 2 Prozent vom Importwert vor. Die Zweckbestimmung der dadurch erzielten Einnahmen von rund 50 Millionen Euro jährlich sollte sein, dass davon allen Kindern von Teppichknüpffamilien der Zugang zu Schulen ermöglicht würde. Es sollten die nötigen Schulen errichtet werden, Lehrer finanziert sowie sonstige Maßnahmen ergriffen werden, die dazu führten, dass Kinder keine Teppiche mehr knüpfen mussten. Auf diesem Wege sollten die Ursachen von Kinderarbeit systematisch und flächendeckend beseitigt werden.

Wie richtig dieser entwicklungspolitische Ansatz ist, wird durch die jüngsten Erfahrungen aus Brasilien bestätigt. Dort wurde im Jahr 2005 ein bedingtes Grundeinkommen für die ärmsten Familien eingeführt.

Diese erhalten dann ein gewisses Grundeinkommen, wenn sie ihre Kinder zur Schule schicken. Auf diese Weise hat sich die wirtschaftliche Lage vieler Familien in kürzester Zeit spürbar verbessert und Kinderarbeit wurde sehr erfolgreich bekämpft. Nie zuvor gab es eine ähnliche Lobbyarbeit eines Wirtschaftsverbands für die Einführung einer zusätzlichen Abgabe, durch die dem obigen Beispiel vergleichbare Maßnahmen finanziert werden sollten.

Die Vorteile von wettbewerbsneutralen Konzepten haben einige Jahre später die 24 CEOs großer internationaler Konzerne von ABB über Cisco, E-On, Ford und Siemens bis Swiss Re, Toyota und Vattenfall erkannt, als sie sich 2005 mit einer gemeinsamen Erklärung an die G8-Staaten wandten. Sie gestanden zunächst unumwunden ein, dass sie sich bislang zu wenig verantwortungsvoll in Bezug auf das Klimaproblem verhalten haben. Sie erkannten an, dass ein ausgesprochen weitreichendes globales Klimaregime erforderlich ist, um die Klimaerwärmung wenigstens auf ein gerade noch erträgliches Maß von plus 2 Grad Celsius zu begrenzen. Der Kern ihres Aufrufs an die politischen Führer der G8-Staaten war: Beschließt ohne Zögern und ohne Einschränkungen alles, was hierfür erforderlich ist. Aber lasst eure Konzepte *wettbewerbsneutral* sein.

Für die Wirtschaft konkretisierten die Unterzeichner dieses Aufrufs die Qualität der Wettbewerbsneutralität in Bezug auf eine wirksame globale Klimapolitik wie folgt: Als erstes muss die Politik weltweit *verbindlich* festlegen, auf welches Maß die Emissionen begrenzt werden sollen, damit das Klimawendeziel erreicht wird. Dies ist wichtig für die Verlässlichkeit von politischen Vorgaben. Als zweites muss der höchst komplexe Flickenteppich von endlos vielen und teilweise völlig widersprüchlichen nationalen Maßnahmen der einzelnen Länder zur Klimapolitik überwunden werden. Erforderlich ist die »Sicherstellung *gleicher, global gültiger Rahmenbedingungen*«. Dies ist unabdingbar für die Entscheidungssicherheit von global agierenden Unternehmen. Als drittes muss sich die Politik *langfristig* festlegen, sowohl bezüglich der Zielvorgaben als auch der Rahmenbedingungen und der zentralen Mechanismen, mit denen die Ziele erreicht werden sollen. Dies garantiert langfristige Investitionssicherheit. Gerade bei Energieunternehmen bewegen sich Investitionsentscheidungen oft im Milliardenbereich. Hier ist es unternehmerisch nicht zu verantworten, das Risiko von Milliardenfehlinvestitionen einzugehen. Es ist umgekehrt aber absolut kein Problem, für die Umwelt wie für die Investoren sehr weitreichende Entscheidungen zu treffen, wenn diese *langfristig kalkulierbar* sind. Die Unterzeichner nannten hier als unverzichtbaren Zeithorizont für Festlegungen das Jahr 2030, weit besser wäre jedoch bis 2050. Und als viertes schlagen sie noch die Kombination eines global wirksamen Klimaregimes mit einer insgesamt *nachhaltigen globalen Entwicklungsstrategie* vor, bei der die Überwindung der Armut und letztlich die Überwindung des Nord-Süd-Gefälles im Zentrum stehen müsste. Eine»umfassende Agenda für nachhaltige Entwicklung« ist aus Sicht dieses Dokuments der beste Rahmen und die beste Rahmenpolitik, weil sich dann eine aufholende und sozial gerechte Entwicklung und eine ökologische Wende wechselseitig verstärken.

Die Autoren dieses Dokuments fordern im Endeffekt nichts Geringeres als einen globalen ökosozialen Marshallplan, einen Einstieg in eine handlungsfähige globalverantwortliche Politik und in einen globalen ökosozialen Ordnungsrahmen der Weltwirtschaft. Mit dem Gedanken einer wettbewerbsneutralen Lösung wagen sie sich so weit vor wie wohl noch keine Erklärung aus der Wirtschaft in der Vergangenheit. Das darin Formulierte geht sogar weit über das hinaus, was auf diesem Gebiet engagierte Organisationen je zu hoffen und zu formulieren wagten. Ein derart mutiges Statement wurde vermutlich auch deshalb weder in der Politik noch in der Gesellschaft so ernst genommen, wie es der Absenderkreis und der Inhalt eigentlich gebieten müssten, weil dies noch niemand so schnell einordnen konnte in seiner revolutionären Bedeutung.

Entscheidend ist dies: Als *einziges Kriterium*, das bei allen Konzepten mutiger globalverantwortlicher Rahmengestaltung erfüllt sein muss, nennen sie *die Wettbewerbsneutralität*. Die Erklärung der oben genannten 24 Weltwirtschaftsführer ist daher in der Tat als revolutionär einzustufen. Sie zeigt, was auch und gerade mit der Wirtschaft möglich ist, wenn wir lernen, in der Kategorie Wettbewerbsneutralität zu denken.

Ein nächster ermutigender Schritt zur Ausweitung und systematischen Nutzung dieser neuen Gestaltungsoptionen ist die Tatsache, dass mit dem Bundesverband für Wirtschaftsförderung und Außenwirtschaft (BWA) und dem Global Economic Network (GEN) auch die ersten Wirtschaftsverbände genau auf dieser Linie von wettbewerbsneutralen Lösungen denken und wirken. Deren erster»Vision Summit« im Juni 2007 präsentierte mehrere Konzepte vom Global Fair Trade-System über Kleinkredite bis Kyoto Plus, die wettbewerbsneutral sind und die dadurch die Qualität haben, dass alte Träume aus der Zivilgesellschaft plötzlich nicht nur wirtschaftsfreundlich sind, sondern sogar ausdrücklich wirtschaftsfördernd umgesetzt werden können.

Ein weiteres Beispiel für ein solches wettbewerbsneutrales Konzept sei noch angeführt: Der Steuerexperte Benediktus Hardorp setzt sich mit sozialen und mit unternehmerischen Argumenten für die Idee einer radikalen Umgestaltung unseres Steuersystems ein: Alle Besteuerungsformen und ein Großteil der Sozialabgaben sollen entfallen zugunsten einer reinen Konsumsteuer. Unter dem Strich soll dabei das Gesamtaufkommen aus Steuern, Abgaben und Sozialbeiträgen nach dem gegenwärtigen System und die Konsumsteuer nach dem neuen Modell gleich hoch bleiben. Es geht also nicht um Steuererhöhung oder -senkung, sondern allein um eine große Umorganisation des Systems, das das Zustandekommen der letztlich gleichgroßen Einnahmen regelt. Natürlich würde nach diesem Vorschlag die Mehrwertsteuer stark ansteigen – aber alle anderen bisherigen Einnahmequellen des Staates und der Sozialsysteme würden in gleichem Maße sinken.

Der große Vorteil eines stufenweisen Übergangs zu einem reinen Konsumsteuersystem wäre neben der extremen Vereinfachung, einer wesentlich höheren Transparenz und einer radikalen Reduzierung des Verwaltungsaufwands vor allem die wesentlich größere Wettbewerbsneutralität im Vergleich zu allen anderen Besteuerungssystemen.

Als Begründung für unser kompliziertes Steuersystem wird immer angeführt, dass alles Mögliche besteuert werden müsse, damit jeder gerecht zum gesamten Steueraufkommen beiträgt. Deshalb müsse es Konsumsteuern geben, Einkommensteuer sowie verschiedene Formen an Unternehmenssteuern. Fakt ist jedoch: Jeder Unternehmer kann gar nicht anders, als jegliche Abgabe und jegliche Steuer in die Kalkulation seiner Produkte und Dienstleistungen einzurechnen, sie also »einzupreisen«. Auf diese Weise zahlt am Ende nicht er die Steuern, die ihm auferlegt werden, sondern immer der Kunde. Weshalb sich Unternehmer immer wieder gegen Erhöhungen der *Unternehmensteuern* wehren, hat seinen Grund vor allem darin, dass Unternehmenssteuern nie alle Unternehmer in gleicher Weise treffen. Sie sind daher nie wettbewerbsneutral: Körperschaftssteuern beispielsweise betreffen nur Körperschaften, aber nicht Personengesellschaften. Der eine Unternehmer kann bei einer Steuerform Ausnahmetatbestände geltend machen, der andere nicht. Der eine Unternehmer kann Gewinne ins Ausland verlagern, der andere nicht. Und so weiter. So gibt es in der Unternehmerschaft bei jeder Unternehmenssteuerreform Gewinner und Verlierer, weil sich die *Wettbewerbssituation* für die einen verbessert und für andere verschlechtert.

Eine reine Konsumsteuer wäre für alle völlig transparent, niemand könnte manipulieren, die Bürokratie wäre drastisch reduziert und jedes Unternehmen wäre genau in gleicher Weise »belastet« wie jedes seiner Mitbewerber – mit dem gleichen Mehrwertsteuersatz, den es an das Finanzamt entsprechend seinen Umsätzen abführen muss.

Auch in einer anderen Hinsicht wäre ein solcher Ansatz wettbewerbsneutral: Der Faktor Arbeit wäre dann überhaupt nicht mehr belastet. Alle Wirtschaftsfachleute sind sich einig: Die Wirtschaft der Industrieländer leidet unter den hohen Steuern und Abgaben, die auf dem Faktor Arbeit lasten. Um gegen den immer höheren Wettbewerbsdruck durch einen immer offeneren Weltarbeitsmarkt bestehen zu können, schlagen Experten die Senkung der Sozialabgaben und der Steuern vor. Letzteres hat aber den Nebeneffekt eines immer weniger handlungs- und gestaltungsfähigen Staates. Die Umstellung auf eine reine Konsumsteuer würde den Faktor Arbeit vollständig entlasten, sie wäre also viel weitreichender als jeder sonstige Vorschlag, und dies ohne den Nebeneffekt des Aushöhlens der Staatseinnahmen. Arbeiten wäre wieder viel attraktiver, weil die Bruttoeinnahme gleich netto wäre. Ferner wäre nicht die Wertschöpfung im gesamten Entstehensprozess eines Produkts belastet, sondern erst am Ende bei dessen Konsum.

Auch ein weiterer positiver Effekt ließe sich durch eine Umstellung zu einem System der Konsumsteuer erzielen: Wir haben derzeit einen Steuerdumpingwettbewerb zwischen den Nationen. Um den Faktor Arbeit zu entlasten und damit die Wettbewerbsfähigkeit der eigenen Unternehmen zu verbessern, haben Länder damit begonnen, ihre Steuern zu senken. Doch der Wettbewerbsvorteil währte nicht lange, denn selbstverständlich zogen andere Länder nach und übertrumpften ihre Konkurrenten sogar. Ein Steuersenkungskreislauf kam in Gang. Es bleibt nicht mehr genügend Geld, um Bildung und Forschung zu finanzieren. Einige EU-Beitrittsländer gingen so weit, die Zuwendungen von der EU dafür einzusetzen, mit ihren Steuersätzen noch weiter nach unten zu gehen, um genau jene Länder im Steuerdumpingwettbewerb zu schlagen, von denen sie die

EU-Zuwendungen erhielten. Dies alles ist ein weiteres Spiel mit Wettbewerbsverzerrungen. Mit einem reinen Konsumsteuersystem wäre dieses Spiel beendet, denn dann wäre die Belastung der Arbeit auf Null heruntergefahren.

Ein ganzer Dschungel an Wettbewerbsverzerrungen wäre durch ein Konsumsteuersystem gelichtet.

Der Vorteil von wettbewerbsneutralen Lösungen sollte in den nächsten Jahren von allen Akteuren in Wirtschaft, Wissenschaft, Politik und Gesellschaft mit besonderer Aufmerksamkeit untersucht werden. Er gibt uns allen eine völlig neue Dimension von Handlungsfähigkeit, einer Handlungsfähigkeit, die viele bereits aufgrund der Veränderungen durch die Globalisierung verloren glaubten.

Kapitel 5

Erfolgsfaktor Verantwortung: Unternehmerische Verantwortung zahlt sich aus

Soziale Verantwortung – Corporate Social Responsibility (CSR)

Große Konzerne und viele mittelständische Unternehmen zählen heute zu den Institutionen der modernen globalen Gesellschaft und werden von der Öffentlichkeit bei ihren Handlungen immer kritischer analysiert und bewertet.

Diese Entwicklung ist inzwischen so weit fortgeschritten, dass Manager großer Konzerne sogar mit persönlicher öffentlicher Stigmatisierung rechnen müssen, wenn ihre Unternehmen gegen das öffentliche Verständnis ihrer Verantwortung verstoßen. Die wache und wachsende Aufmerksamkeit der Öffentlichkeit für das Verhalten von Unternehmen hat Auswirkungen letztlich auf jeden einzelnen ihrer Mitarbeiter.

Gerade Toptalente achten vor dem Hintergrund dieser Entwicklung sehr genau auf den Ruf ihres Arbeitgebers. Die bevorzugten Arbeitgeber werden daher immer mehr diejenigen sein, die verstanden haben, dass Ethik auch für das Geschäft gut ist. Die Rekrutierung der besten Mitarbeiter wird daher für Unternehmen, denen ökosoziale Standards ernsthaftes Anliegen sind, einfacher sein als für Unternehmen, die allzu kurzsichtig nur auf schnellen Profit schauen.

Gleichzeitig können sich die Manager von großen Unternehmen nicht auf Dauer vor den gesellschaftlichen Erwartungen verstecken. Wenn sie ihr Unternehmen nicht als Teil der Gesellschaft verstehen, werden sie schnell von der Öffentlichkeit attackiert.

Das herrschende Verständnis vieler Führungskräfte von Corporate Social Responsibility (CSR) ist heute jedoch trotzdem noch völlig unzureichend. Oft geben die verantwortlichen Manager in ihren Berichten nur Aktivitäten an, die das Unternehmen seit Jahren ohnehin schon praktiziert, nur mit etwas besser klingenden Bezeichnungen, angereichert mit einer Dosis Philanthropie – und fertig ist das Ethikdossier des Unternehmens.

Im Verhältnis der Unternehmen zur Gesellschaft geht es heute nicht nur um das Sponsoring von Kindergärten, Sportvereinen und anderen regionalen Institutionen. Es geht um die Grundsatzfrage, inwieweit sich das Unternehmen als Teil der globalen Gesellschaft versteht, das Verantwortung für die Umwelt und für die sozialen Standards bei der Entstehung seiner Produkte bezogen auf die gesamte Wertschöpfungskette übernimmt. Gerade die globalen Unternehmen werden sich dem wachsenden Druck aus der Gesellschaft und von den NGOs nicht entziehen können. Denn sie sind allein wegen ihrer Größe und ihrer Einflussmöglichkeiten im Spiel der gesellschaftlichen Kräfte längst zu politischen Einheiten geworden.

Viele Konzerne erwirtschaften heute weltweit mehr Umsätze, als zahlreiche Staaten an Bruttosozialprodukt aufzuweisen haben. Zwei Drittel der 150 größten Wirtschaftseinheiten sind inzwischen Unternehmen und nur noch ein Drittel sind Staaten. Der Börsenwert von Softwaregiganten wie Microsoft oder Wipro ist höher als das Bruttosozialprodukt von Bevölkerungsgroßmächten wie etwa Pakistan mit seinen 160 Millionen Einwohnern.

Die Bürgerinnen und Bürger erwarten von den großen Konzernen Impulse für die Lösung globaler gesellschaftlicher Probleme, sei es zum Klimawandel oder auch zur Versorgung von Milliarden Menschen in den Entwicklungsländern. Sie erwarten, dass die Manager globaler Konzerne begreifen, wie weit sie schon längst zu politischen Faktoren geworden sind und wie sehr sie sich daher auch aktiv und konstruktiv in die Lösung der Weltprobleme einbringen und einbinden lassen müssen.

Um ihrer neuen Rolle gerecht zu werden, sollten die Konzerne ihre Zusammenarbeit mit der Politik intensivieren, um über letztlich unverbindliche *Selbstverpflichtungen* wie beispielsweise zum Klimaschutz und zu sozialen Standards hinaus verbindliche wettbewerbsneutrale *Rahmenbedingungen* für den Welthandel zu erarbeiten.

Wie ich im vorherigen Kapitel zeigte, können global agierende Konzerne nicht länger allein von der Politik erwarten, Lösungen zu erarbeiten, die für alle beteiligten Konzerne wettbewerbsneutral sind. Intelligente Lösungen, die sowohl wirksam als auch sozial und ökologisch zukunftsweisend und wettbewerbsneutral sind, können heute nur im gesamtverantwortlichen Zusammenspiel von Wirtschaft, Politik und Zivilgesellschaft entwickelt und durchgesetzt werden.

Zahlreiche Führungskräfte der Wirtschaft meinen heute noch, sie könnten ruhig noch etwas zuwarten mit der Übernahme eigener Verantwortung. Sie argumentieren dabei: Solange der Konsument nicht ernsthaft interessiert ist an dem Kauf von Produkten aus nachhaltigen und sozialverträglichen Produktionsprozessen, die deshalb etwas teurer sein müssten als billige Massenware –, warum sollte dann ein Unternehmen zusätzliche soziale und ökologische Verpflichtungen eingehen? Die Kapitalmärkte, von denen insbesondere Kapitalgesellschaften sehr abhängig sind, nehmen auf soziale Fragen ohnehin keine Rücksicht, so wird diese Argumentationslinie weiter vertieft. So viel an diesen Argumenten stimmt, so wenig sind sie dennoch tragfähig für eine zukunftsweisende Unternehmensentwicklung.

Selbst wenn die Kapitalmärkte die wachsenden gesellschaftlichen Erwartungen noch nicht vollständig widerspiegeln, kann es sich der einzelne Unternehmer immer weniger erlauben, sich hinter diesem Argument zu verstecken. Das Misstrauen von Teilen der Gesellschaft gegenüber den globalen Konzernen ist ein ernstzunehmender Kostenfaktor und darf von einem vorausplanenden Unternehmer nicht ignoriert werden. Und genau hier liegt die Gefahr für jedes Unternehmen, wenn es seitens der Gesellschaft zu einem weiteren Schwinden des Vertrauens kommt. Dies gilt umso mehr, je leichter der Konsument den Markt durch eigene Entscheidungen aktiv mitgestalten kann, je leichter er also auf Konkurrenzangebote, denen er mehr Vertrauen schenkt, ausweichen kann.

Die Unternehmer haben ihre Verantwortung wahrzunehmen

Unternehmen, die aufgrund der Entstehungsgeschichte und Wertschöpfungskette ihrer Produkte am Welthandel beteiligt sind, haben automatisch globale Interessen und müssen deshalb auch globale Verantwortung übernehmen. Sie können gar nicht anders als global zu denken, sie finanzieren sich in aller Regel im hoch globalisierten Finanzmarkt, investieren weltweit usw. Und sie haben von daher auch eine große Verantwortung für faire und transparente Kommunikation sowohl auf Unternehmensebene als auch mit der Gesellschaft.

Sie bilden also zunehmend eine wichtige politische Komponente für eine transparente Gestaltung des Welthandels. Wenn sie es recht bedenken, haben die Unternehmen selbst ein sehr starkes Interesse daran, zusammen mit der Politik eine neue wettbewerbsneutrale Handelspolitik zu gestalten. Diese neue Gestaltung des Welthandels kann und darf die gemeinsamen Interessen der Weltgesellschaft nicht vernachlässigen. Sowohl die sozialen als auch die ökologischen Standards müssen dabei ganz oben in der Agenda stehen.

Corporate Social Responsibility (CSR), so wie sie heute praktiziert wird, ist keine angemessene Antwort auf die globalen ökosozialen Erwartungen der Gesellschaft.

Große Konzerne sind längst politische Einheiten mit weltweiter Repräsentanz. Von ihnen muss daher ein spürbarer politischer Wille ausgehen, dass die Politik sozial und ökologisch zukunftsfähige und globalverantwortliche Entscheidungen trifft. Letztlich ist es natürlich die Aufgabe der Politik, Gesetze zu verabschieden. Aber bei der inzwischen erreichten Machtverschiebung zwischen Politik und Wirtschaft kann die Politik nur dann hinlänglich globalverantwortlich handeln, wenn auch die Wirtschaft konstruktiv und vorausschauend mitdenkt und mithandelt. Nur in diesem Zusammenspiel können Gesetze verabschiedet werden und wirklich greifen, die zugleich den Konzernen aus einem wettbewerbsbedingten Öko- und Sozialdumping heraushelfen sowie Rahmenbedingungen definieren, durch die alle Konzerne auf ein neues Global Fair Trade-System verpflichtet werden. Nur so wäre ein Global Fair Trade-System wettbewerbsneutral und könnte dann auch vergleichsweise leicht von allen Wettbewerbern am Markt akzeptiert werden. Als Mindeststandards wären hier die ökosozialen Anforderungen der EU anzusetzen.

Für Ethik und Moral kann es nur einen Maßstab geben, der politisch für alle in gleicher und damit in wettbewerbsneutraler Weise angewendet wird. Es geht nicht an, dass ethische Grundwerte – die Grundpfeiler jeder humanen Gesellschaft – von jedem Unternehmen nach eigenem Gutdünken festgelegt und angewendet werden. Es geht nicht an, dass sich Unternehmen in den Industrienationen durch Ethik-Audits als Vorbild für Mensch und Natur präsentieren – und dieses sogar den Verbrauchern in Europa in ihrer Werbung selbstanpreisend kommunizieren –, während sie gleichzeitig ihre Produkte aus Ländern beziehen, bei denen diese unter Missachtung von humanökologischen Anforderungen hergestellt werden.

Bei Produkten, die in Teilen oder vollständig in Schwellen- und Entwicklungsländern angefertigt werden, ist es aufgrund des harten und intransparenten globalen Wettbewerbs nicht möglich, Moral und Ethik auch nur annähernd hinlänglich zu berücksichtigen. Selbstaudits können in dieser Realität nur Selbst- und Fremdtäuschung sein. Firmen, die mit solchen Selbstaudits arbeiten, können nicht selbst jeden Teilproduzenten von jedem gehandelten Produkt überall in der Welt kontrollieren. Sie können aus Praktikabilitätsgründen gar nicht anders, als ihren direkten und indirekten Partner und deren Selbstauskünften schlicht zu vertrauen. In komplexen und vor allem in wettbewerbsbezogenen Systemen kann Vertrauen nicht ausreichen. Vertrauen muss hier durch funktionierende Kontrolle ergänzt werden. Bei manchen Konzernen, die besonders im Blickfeld einer kritischen Öffentlichkeit stehen, können Selbstaudits funktionieren. Ihr Ruf ist für sie so kostbar, dass sie durchaus ernsthaft bemüht sind, den geforderten Standards zu entsprechen. Dadurch können in Einzelfällen Selbstaudits sogar strenger sein als Audits durch außenstehende Zertifizierungsunternehmen. Dennoch bleibt der Wirkradius eines solchen Ansatzes ausgesprochen begrenzt. Wir brauchen deshalb ein Handelskonzept, das zu einem neuen wettbewerbsneutralen und fairen Handelssystem führen wird. Dieses Handelskonzept setzt Standards für alle Unternehmen, die ihre Produkte global vermarkten.

Unternehmen haben heute sowohl dem Shareholder-Prinzip Folge zu leisten – und somit die Interessen der Anteilseigner zu verfolgen – als auch sich in die Pflicht nehmen zu lassen für eine faire Behandlung ihrer eigenen Mitarbeiter sowie der Mitarbeiter in den Zulieferbetrieben weltweit. Sie entwickeln Verhaltensprinzipien für ihr eigenes Unternehmen, und sie fordern auch von ihren Partnern, dass diese die nötigen Umweltanforderungen berücksichtigen und sich um die Arbeitsbedingungen sowie die Weiterentwicklung der Ausbildungssysteme in deren Regionen kümmern. Der Verantwortungsradius der Wirtschaft muss heute so weit gesteckt sein, und die Wirtschaft muss dafür Sorge tragen, dass für diesen gesamten Verantwortungsradius die geeigneten Standards gesetzt und auf geeignete, wirksame Weise umgesetzt werden.

Aus rein ökonomischen Gründen haben die Unternehmen auf die Gesellschaft Rücksicht zu nehmen und nachhaltig zu wirtschaften. Spätestens langfristig, aber oft auch schon mit kurzfristiger Wirkung reduziert eine nachhaltige Produktion zahlreiche Kosten, sodass die Manager den Kapitalmärkten den wirtschaftlichen Wert ihrer Aktivitäten vermitteln können.

Unternehmen und Gesellschaft –
Die gelungene Kooperation zwischen Profit und Moral

Was Politik und Wirtschaft nicht allein bewirken können, versuchen NGOs sowie eine zunehmende Zahl von so genannten »Social Entrepreneurs«, Sozialunternehmern, zu ergänzen. Mit Sozialunternehmern sind Menschen und Firmen gemeint, die ihre Ziele nicht in erster Linie in der Profitmaximierung sehen, sondern in der Lösung von sozialen und ökologischen Problemen. Ihre Motivation entspricht somit jenen von NGOs, aber sie streben die Erreichung dieser Ziele mit unternehmerischen Mitteln an. Ihre Sozialunternehmen sind gewinnorientiert, weil nur dies die dauerhafte und subventionsfreie Sicherung ihrer Produkte und Dienstleistungen gewährleistet. Das mit Abstand erfolgreichste Sozialunternehmen ist die Grameen Bank des Friedensnobelpreisträgers Muhammad Yunus.

In den Entwicklungsländern haben NGOs und Sozialunternehmer einen wichtigen Beitrag zur Armutsbekämpfung und Umwelterhaltung geleistet. Heute erleben wir noch eine zusätzliche, erfolgreiche Kooperation zwischen traditionellen Unternehmen auf der einen Seite und NGOs und Sozialunternehmern auf der anderen. Gemeinsam entwickeln sie neue Geschäftsmodelle, die das Leben von Armen überall auf der Welt verbessern können – eine hochinteressante Kooperation zwischen Profit und Idealismus. Einer der vielen Vorteile für die großen Konzerne besteht darin, dass sie auf diesem Wege neue Konsumenten an der Basis der Wohlstandspyramide erreichen. Unternehmen und NGOs ergänzen in dieser Zusammenarbeit ihre Erfahrungen, und so profitieren beide dabei. Beispielsweise greifen viele Konzerne beim Start ihrer sozialen Hilfsprogramme auf erfahrene Mitarbeiter aus NGOs zurück.

Lange Zeit haben sich NGOs insbesondere Unternehmen und Politik als ihre Feindbilder erwählt. Sie haben sich daher gegenseitig bekämpft. Denken wir an die Ölplattform »Brent Spar« und die Konfrontation zwischen Greenpeace und Shell. Heute sind diese dabei, ihre gegenseitige feindliche Haltung zu überwinden. Dies ist möglich, weil alle Parteien mehr Verständnis für die Position des anderen aufbringen und weil sie inzwischen in immer mehr Bereichen zusammenarbeiten. Wir haben eine positive Veränderung in der gegenseitigen Wahrnehmung der Konzerne und der sozialen Organisationen.

Es ist hier wichtig zu betonen, dass die NGOs ihre neutrale Haltung gegenüber Wirtschaft und Politik weiterhin bewahren müssen und dass NGOs beide Bereiche permanent entsprechend ihrer Wahrnehmung von deren jeweiliger gesellschaftlicher Verantwortung bewerten sollen.

Die Kluft zwischen arm und reich wächst trotz der kleinen Erfolge von Privatwirtschaft und Zivilgesellschaft, weil der Welthandel heute immer noch ohne wettbewerbsneutrale Rahmenbedingungen funktioniert.

In den Entwicklungsländern werden seitens der Wirtschaft weiterhin Direktinvestitionen getätigt ohne Beachtung der ökosozialen Mindeststandards. Die Regierungen dieser Länder lassen, trotz der Proteste aus den Reihen der NGOs, diese Direktinvestitionen zu, ohne Rücksicht auf die Menschen und die natürlichen Ressourcen.

Unterdessen ist durch die Aktivitäten und Kampagnen der NGOs auf viele Großkonzerne ein schlechtes Licht gefallen. Der Effekt ist, dass sich durch die Kontroversen um soziale und umweltbezogene Themen z. B. bei Nike, Shell, Coca-Cola, Starbucks oder McDonald's in den letzten Jahren ein positiver Trend entwickelt hat, und zwar der Trend, auf soziale und ökologische Standards mehr zu achten.

Die Konsumenten in den Entwicklungsländern brauchen mehr Kaufkraft –
Ziel ist die Verdoppelung des Einkommens der Ärmsten in der Welt

Viele Unternehmen und Konzerne haben sich zum Ziel gesetzt, auch die Konsumenten an der Basis der Wohlstandspyramide mit ihren Produkten und Dienstleistungen zu bedienen. Allerdings ist allein schon der Gedanke, aus Menschen, die weniger als einhalb Euro pro Tag verdienen – was für zwei Drittel der Menschheit zutrifft –, auch noch Profit zu schlagen, unmoralisch.

Die Konzerne brauchen kaufkräftige Konsumenten, und genau hier liegt auch das Problem. Zuerst muss diesen Menschen eine Perspektive seitens der Privatwirtschaft geboten werden, damit sie sich selbst aus der

Armutsfalle befreien können. Die Unternehmen dürfen nicht kurzfristig eine Maximierung ihres Profits auf dem Rücken dieser Menschen erreichen wollen.

Es ist für die Wirtschaft kein Problem, in der Kalkulation eines Produkts einen Mindestlohn pro Stunde zu gewährleisten. Diese Maßnahme würde über eine Milliarde Arbeiter in den Entwicklungsländern erreichen. Ebenso wäre es kein Problem für die Wirtschaft, für Rohstoffe und Agrarprodukte Mindestpreise zu bezahlen, damit die Bauern weltweit eine Perspektive haben, um auf ihren Feldern zu bleiben und nicht in die Großstädte überzusiedeln. Diese Maßnahme würde zusätzlich über eine Milliarde Bauern erreichen.

Um dies klarzustellen: Es geht bei diesem Vorschlag nicht um eine Fixierung auf den »einen Euro« pro Stunde, sondern um das Ziel der Verdoppelung des Einkommens der Ärmsten in der Welt. Es geht auch nicht um einen Eingriff in die marktwirtschaftlichen Mechanismen bei der Festlegung von Löhnen, sondern allein um die Festlegung einer humanen Untergrenze. Alle Löhne darüber sollen sich marktwirtschaftlich bilden. Allerdings muss die Bezahlung eines solchen Mindestlohns auch real stattfinden und nicht mehr umgangen werden können. Heute werden oft Überstunden nicht bezahlt, die nicht selten zu einer Gesamtarbeitsleistung von bis zu über 300 Stunden im Monat führen anstatt der nach SA 8000 vorgesehenen etwa 160 Stunden. Wenn ein »monatlicher Mindestlohn« für die doppelte Arbeitszeit bezahlt wird, ist es faktisch nur die Hälfte des Mindestlohns. Daher muss der Mindestlohn grundsätzlich auf Stundenbasis bezahlt werden. Dieser Mindestlohn soll den lokalen Verhältnissen angepasst werden und jeweils eine menschenwürdige Existenz sichern. Es geht bei diesem Vorschlag um nicht mehr und nicht weniger als um die deutliche Anhebung des Einkommens der Ärmsten.

Rein ökonomisch betrachtet wäre eine solche erhebliche Anhebung des Einkommens der Ärmsten für die Konzerne eine sehr effiziente Zukunftsinvestition, denn dadurch würden über zwei Milliarden Konsumenten plötzlich über eine Kaufkraft zum Beispiel von 160 Euro im Monat (bei acht Stunden pro Tag und 20 Arbeitstagen im Monat) verfügen, wenn ein Mindestlohn von einem Euro pro Stunde gewährleistet würde. Ein solches Mindestlohnniveau bezieht sich auf die Ärmsten, die heute mit weniger als zwei Euro pro Tag auskommen müssen. Um der Armut einen Riegel vorzuschieben, wäre es inakzeptabel, wenn der Mindestlohn unter einem Euro pro Stunde läge. Natürlich gilt ein solcher Mindestlohn von einem Euro nicht für die Industrieländer. Das Geld, das die Unternehmen zunächst mehr ausgeben, würde sofort in den Wirtschaftskreislauf zurückfließen.

Durch einen gemeinsamen Verhaltenskodex der Unternehmer in den Industrieländern im Sinne des vorgeschlagenen Global Fair Trade-Systems wäre auch eine derart weitreichende Maßnahme leicht durchzusetzen. Allerdings sollte dieser Verhaltenskodex absolute Zahlen vorschreiben in Bezug auf Mindestlohn und Mindestpreise. Die heutige Praxis bestätigt, dass die Maßnahmen der allgemeinen Empfehlungen und Selbstaudits zu wenig greifen. Sie erreichen weniger als 1 Prozent des Welthandels.

Selbstverständlich muss auch der informelle Sektor angesprochen werden, der in manchen Ländern bis zu einem Drittel des Wirtschaftslebens bestimmt. Dort können Mindestlöhne nicht unmittelbar greifen. Zur Behebung dieses Problems sei hier auf die Vorschläge von Hernando de Soto verwiesen. Er schlägt insbesondere eine erhebliche Senkung der bürokratischen Hürden zur Legalisierung der wirtschaftlichen Aktivitäten in diesem Sektor vor sowie die Erfassung und Anerkennung von deren Vermögenswerten als Sicherheiten für die Gewährung von investiven Krediten.

Unternehmen und NGOs im freien Welthandel

In den vergangenen 10 Jahren haben viele Länder ihre Märkte für Wettbewerber aus dem Ausland geöffnet. Dies hat über den inzwischen etablierten freien Welthandel zu enormen Verschiebungen des Wohlstands geführt, sowohl bei einzelnen Personen als auch global bei Volkswirtschaften.

Einzelne Konzerne beziehungsweise auch einzelne Personen haben in den letzten Jahren enorme Summen an Eigenkapital erwirtschaftet, bedingt durch das heutige freie Handelssystem. Die Kluft zwischen arm und reich ist gewachsen und wächst jährlich weiter.

Während dieser Zeit hat es heftige Auseinandersetzungen zwischen Wirtschaft und Zivilgesellschaft gegeben. Die Art und Weise sowie das Tempo der Wirtschaftsreformen haben viele Volkswirtschaften unvorbereitet getroffen.

Unternehmen, insbesondere multinationale Konzerne, wollten eine schnelle Öffnung der Märkte, obwohl seitens der WTO viele Problemfelder heute noch nicht geklärt sind. Die Konzerne fordern trotzdem eine drastische Senkung der Zölle und von den Regierungen der Entwicklungsländer umgehend ausländische Investitionen in allen Wirtschaftsbereichen zuzulassen.

Wettbewerbsneutrale Rahmenbedingungen und Chancengleichheit sind für diese Konzerne in einer kurzsichtigen Perspektive nicht relevant. Sie halten einen Vorsprung und versuchen zunächst, auf den neuen Märkten schnell gute Positionen zu erreichen.

Andererseits fordern die zivilgesellschaftlichen Organisationen, dass die Liberalisierung der Märkte langsam geschieht und nur in bestimmten Wirtschaftsbereichen. Als die hoch verschuldeten Regierungen der Entwicklungsländer auf Druck des Internationalen Währungsfonds und der Weltbank die gesetzlichen Vorschriften in den Bereichen Arbeitsmarkt, Umwelt und Investitionen lockerten, verschärfte sich der Schattenkrieg zwischen den NGOs und Unternehmen über die notwendigen Rahmenbedingungen im Welthandel. Diese Fragen sind bis heute nicht geklärt und darüber dauert die Auseinandersetzung unvermindert an.

Die Regierungen in diesen Ländern führen zu wenige oder keine Kontrollen der Arbeitsbedingungen und Umweltstandards durch mit der Folge, dass viele Konzerne und mittelständische Unternehmen ihre Produkte zu Lasten der Umwelt und zum Teil mit sklavenähnlicher Arbeit herstellen lassen. Gleichzeitig präsentieren viele dieser Konzerne in Europa über ihre CSR-Abteilungen ihre positiven Seiten und Engagements und handeln teilweise auch bereits mit Produkten aus fairem Handel. Haben wir es mit bewusster Doppelmoral zu tun oder ist das heutige Handelssystem so ungerecht, dass Unternehmen sich kaum anders verhalten können?

Fakt ist: Das internationale Handelssystem und die nationalen Regierungen hinterlassen derart viele Defizite in Bezug auf die Festlegung und Kontrolle sozialer und Umweltstandards, dass es nicht überraschen kann, wenn viele NGOs sich dazu verpflichtet fühlen, diese Kontroll- und Aufsichtsfunktion zu übernehmen. Die NGOs leisten hier einen wichtigen Beitrag und versuchen die Grenzen, innerhalb deren sich sozial verantwortliche Konzerne bewegen sollten, zu klären.

Diese Aufgabe ist für die betreffenden Organisationen nicht neu. Seit

Jahren beeinflussen sie mit mehr oder minder großem Erfolg die Märkte mit Vorschlägen zu Vorschriften für die Umwelt und für soziale Standards. Bei Themen wie dem Umgang mit Chemikalien, der Haftung für Ölkatastrophen, bei Emissionen, Abwasser, Abfallbeseitigung sowie Normen in der Pharma- und Nahrungsmittelindustrie haben diese Organisationen einen Vorsprung an klarem Denken und nicht selten auch an Kompetenz im Vergleich zu den nationalen Regierungen.

Den NGOs ist es oft gelungen, durch Einschaltung der Presse bei Themen wie Kinderarbeit, Diskriminierung am Arbeitsplatz oder Gesundheitsproblemen Konzerne mit ihrer gesellschaftlichen Verantwortung zu konfrontieren. Wegen der dadurch entstandenen öffentlichen Aufmerksamkeit haben nicht wenige Konzerne große finanzielle Verluste erlitten wie beispielsweise Nestlé beim Milchpulverskandal oder die gesamte Teppichbranche beim Thema Kinderarbeit.

Mit Hilfe des Internets sind die NGOs heute besser vernetzt sowie wesentlich effektiver bei ihren Aktionen. Sie können mit Hilfe von Handy und Internet Aktionen an mehreren Fronten gleichzeitig koordinieren. So haben zum Beispiel zivilgesellschaftliche Gruppen den umweltschädigenden Umgang des Unternehmens Coca-Cola mit Wasser in kurzer Zeit aus einem entlegenen Dorf in Indien von einer Webseite zur nächsten letztlich in die ganze Welt getragen. Daraus entwickelte sich unter anderem eine Auseinandersetzung über die Präsenz der Marke in Universitäten und Schulen. Die Auswirkung dieser Kampagne auf die Märkte hat Coca-Cola einige Millionen Euro in Form von entgangenen Umsätzen gekostet und hat auch dem Ruf des Unternehmens enorm geschadet.

Der Zivilgesellschaft gelingt es also heute viel einfacher, die Konzerne an ihre soziale Verantwortung zu erinnern, indem sie gegebenenfalls über Internet oder die Presse den Ruf der Marktführer attackiert.

So haben beispielsweise Berichte im *Stern* über Kinderarbeit in Indien dazu ausgereicht, dass die betroffenen Unternehmen in Europa ihre Handelspraktiken überprüften und änderten. NGOs haben den Sportartikelhersteller Nike wegen Verstößen gegen die Menschenrechte angegriffen. Erreicht haben sie damit, dass die Bekleidungsindustrie ihre Verhaltensregeln überprüfte.

Als Reaktion auf diese Gesamtentwicklung können wir eine neue interessante Strategie seitens der Unternehmer, vor allem aus dem Einzelhandel, erkennen. Sie haben inzwischen gemeinsame Verhaltensregeln vereinbart und investieren Zeit und Geld in Gegenkampagnen, um ihren Ruf zu bewahren.

Am Anfang geschah dieses aus einer Abwehrhaltung heraus, und die Unternehmen setzten Werbeslogans ein, um ihre soziale Verantwortung zu betonen. Heute haben jedoch fast alle großen Unternehmen aktive Strategien umgesetzt. Die Konzerne wenden sich mit ihren Argumenten für Mensch und Natur direkt an die Konsumenten. Sie haben dafür eigene CSR-Abteilungen (Corporate Social Responsibility) aktiviert, die sich mit der gesellschaftlichen Verantwortung des Unternehmens befassen.

Die Unternehmen sind mit ihrer Strategie inzwischen so weit gekommen, dass sie das soziale Engagement als Marketinginstrument entdecken. Sie haben eigene Standards gesetzt und führen Selbstkontrollen, so genannte Selbstaudits durch. Große Unternehmen haben sich zur »Business Social Compliance Initiative« (BSCI) zusammengeschlossen, um gemeinsam Mindeststandards zu definieren und, so weit es geht, diese auch durchzusetzen.

Einige Unternehmen kümmern sich bereits heute um Problembezirke in Städten und schlecht erschlossene Landesteile. Sie entwickeln Geschäftsmodelle für Niedrigpreisprodukte und betreiben zielgruppenorientiertes Marketing. Gleichzeitig versuchen einige Unternehmen und NGOs zusammenzuarbeiten und voneinander zu lernen. Sie haben erkannt, dass sie für Märkte mit einkommensschwachen Verbrauchern entsprechende Geschäftsmodelle gemeinsam besser realisieren können. So hat beispielsweise der französische Lebensmittelkonzern Danone ein Joint Venture mit der Grameen Bank in Bangladesch gegründet, damit Milchprodukte speziell für einkommensschwache Käufer hergestellt werden können. Ein weiteres Beispiel ist die von Nicholas Negroponte gegründete Bildungsinitiative »One Laptop per Child«.

Solche Kooperationen zwischen Unternehmen und NGOs führen zu neuen Rahmenbedingungen, in denen sich die Unternehmen gesellschaftlich legitimieren können. Auf diesem Wege wird die Armutsbeseitigung beschleunigt, und die Unternehmer erschließen auch für sich gleichzeitig neue Märkte.

Interessant ist, dass die Unternehmen für die Durchführung solcher Programme Mitarbeiter aus Nichtregierungsorganisationen engagieren, um die persönlichen Netzwerke, die Glaubwürdigkeit und die Erfahrungen der NGOs zu nutzen. Diese aktive Strategie der Unternehmen, ihre soziale Verantwortung in den Mittelpunkt von Werbekampagnen zu setzen, hat nicht zuletzt auch als Ziel, der Zivilgesellschaft die kritischen Argumente zu nehmen.

Hersteller und Händler aus Nordamerika und Europa verkaufen auf den Märkten immer mehr Produkte, die den Fair Trade Standards von diversen NGOs entsprechen. Allerdings macht der Handel mit diesen Produkten, wie schon erwähnt, maximal 1 Prozent ihrer Jahresumsätze aus. Bei den Werbekampagnen wird dies natürlich nicht erwähnt. Würden heute nur 50 Prozent der Gesamtprodukte im Welthandel nach Fair Trade Standards hergestellt, so hätten viele Konsumenten am untersten Ende der Wohlstandspyramide eine bessere Kaufkraft.

Die Liberalisierung der Märkte ermöglicht den Konzernen zwar den Zugang zu diesen neuen Konsumenten, allerdings ist mit Verbrauchern ohne Kaufkraft nicht leicht Profit zu erzielen. Wenn Manager bei diesen Konsumenten wirklich erfolgreich sein wollen, dann müssen sie mit ihren Unternehmen ihre Strategien überdenken.

Als erstes müssen sich alle Unternehmen aus den Industrienationen gemeinsam das Ziel setzen, die Kaufkraft der 4 Milliarden armen Menschen weltweit zu erhöhen, indem sie gemeinsam eine angemessene Entlohnung vereinbaren. *Eine solche Maßnahme ist* – wie schon beschrieben – bei der Konzeption des Global Fair Trade-Systems *wettbewerbsneutral.*

Wenn die Konzerne dies als ihr Ziel festgelegt haben, können sie *parallel* daran arbeiten, diese neuen Märkte zu *erschließen* – zusammen mit den NGOs. Die NGOs sowie Social Enterprises wie die Grameen Bank sind wichtig, um schneller Zugang zu diesen Märkten zu erreichen, weil diese über starke dezentrale Netzwerke in die entlegensten Gegenden verfügen. Sie verstehen die örtliche Kultur und die Konsumgewohnheiten. Zusätzlich haben sie das Vertrauen der Menschen, weil sie immer wieder den Benachteiligten geholfen haben.

Wie interessant solche Kooperationen für westliche Unternehmen sein können, zeigt das Beispiel des Joint Venture zwischen dem norwegischen Telekommunikationskonzern Telenor und der Grameen Bank, die gemeinsam die Grameen Telecom Corporation gegründet haben, um Mobiltelefone an Kunden in ländlichen Gegenden Bangladeschs zu verkaufen. Grameen Telecom ist heute das größte Unternehmen im Lande und erwirtschaftete 2006 einen Gewinn von mehr als 350 Millionen Euro. Aber gerade auch die armen Landfrauen haben einen immensen wirtschaftlichen Vorteil von Grameen Telecom: Sie können sich nunmehr selbst über die Marktpreise für ihre Produkte informieren und sind nicht mehr von Vermittlern abhängig, die als Zwischenhändler viel vom produzierten Mehrwert für sich abzwackten. Andere verkaufen Telefonminuten, sie übernehmen damit die Funktion, die früher bei uns die Dorftelefonhäuschen erfüllten. Insbesondere die ländlichen Regionen Bangladeshs, aber nicht nur diese, blühten mit dem Zugang zu dieser modernen Technologie sehr stark auf.

Heute haben die Konzerne immer noch relativ wenige Kunden in den Entwicklungsländern. Das Beispiel von Grameen Danone oder Grameen Telecom kann hier Schule machen.

Die Zivilgesellschaften übernehmen Verantwortung

Angesichts der gesunkenen Staatsausgaben für soziale Programme haben die NGOs angefangen, ihre Strategien zur Armutsbekämpfung und Umwelterhaltung neu zu überdenken.

NGOs haben früher hauptsächlich staatliche Finanzhilfen und private Spenden als einzige Mittel im Kampf gegen die Armut verwendet. Heute ziehen sie auch unternehmerisches Handeln in Betracht und bieten armen Menschen Ausbildung, Finanzmittel und Beratung. Immer mehr ehemals NGO-Engagierte werden auf diesem Weg zu »Social Entrepreneurs«. Parallel dazu haben andere NGOs zahlreiche Fonds für soziales Risikokapital gegründet, um diese Strategie zu unterstützen.

Wir haben eine interessante und durchaus positive Entwicklung sowohl der NGOs und der Social Enterprises auf der einen Seite als auch der Unternehmer auf der anderen. Die Beziehungen zwischen den Konzernen und den NGOs entwickeln sich von einer Haltung der Kritik und des Misstrauens in der Vergangenheit zu einer geschäftlichen Partnerschaft.

Auf der einen Seite haben zivilgesellschaftliche Gruppen festgestellt, dass sich durch sorgfältig geplante Geschäftsmodelle gewaltige Kräfte für gute Zwecke freisetzen können. Das Beispiel von Muhammad Yunus mit seiner Grameen Bank und seinen weiteren Sozialunternehmen bestätigt dies in höchster Form und ließ viele NGOs in diesem Punkt grundlegend umdenken. Bei einer Veranstaltung im Juni 2007 in Berlin forderte Yunus die europäischen Unternehmen auf, mit zivilgesellschaftlichen Organisationen oder bereits vorhandenen Social Enterprises neue Sozialunternehmen zu gründen. Er gab zu bedenken: »Gewinnmaximierung ist gut. Aber warum sollten wir das Menschenbild auf Gewinnmaximierung reduzieren? Der Mensch ist weitaus mehr als dies. Ist es nicht sehr viel befriedigender, soziale Probleme und Umweltprobleme zu lösen und daraus sowohl sozialen als auch monetären Gewinn zu ziehen?«

Inzwischen erkennen immer mehr Unternehmer, wie wichtig eine Kooperation mit den NGOs und Sozialunternehmen ist, sowohl um neue Märkte zu erschließen als auch um das eigene soziale Profil nach innen und außen zu stärken.

Aus der Kooperation zwischen Unternehmen und NGOs beziehungsweise durch die Arbeit von NGOs motivierten Menschen entstehen derzeit völlig neue Verbindungen zwischen unternehmerischer Innovation und sozialer Verantwortung. Diese Beziehungen entwickeln sich allerdings unsystematisch und deswegen ist die Wirkung dieser Kooperationen auf die Gesellschaft derzeit nur sehr begrenzt. Es greift noch bei weitem nicht auf die gesamte Weltwirtschaft. Trotzdem ist es ein guter Anfang, und es bieten sich viele Perspektiven, daraus ein global funktionierendes faires Handelssystem zu entwickeln. Die NGOs beurteilen die Liberalisierung der Märkte aus der Perspektive der ökosozialen Marktwirtschaft und streiten über das Verhalten von Unternehmen insbesondere in den Entwicklungsländern. Gleichzeitig versuchen sie mit den CSR-Abteilungen der Konzerne gemeinsame Gremien zu bilden mit dem Ziel, Verhaltensregeln und ökosoziale Standards festzulegen. Unternehmen und NGOs haben erkannt, dass sie miteinander besser zu ihren Zielen kommen. Mit dem so genannten Cause Marketing sehen wir auch eine Annäherung beim Marketing zwischen NGOs und Unternehmen. Dabei vermarkten Konzerne ihre Produkte bei den Anhängern einer gemeinnützigen Organisation und diese vermarktet sich wiederum bei den Kunden und Angestellten des Unternehmens. So erzielt sowohl das Unternehmen als auch die NGOs Einnahmen.

Diese Annäherung beim Marketing hat es vor allem den NGOs ermöglicht, mehr über die Techniken des Marketing zu erfahren. Viele gesellschaftliche Gruppen beauftragen heute professionelle Werbeagenturen für ihre Kampagnen.

Noch vor nicht langer Zeit hätten NGO-Aktivisten solche Kollegen, die auf die Unternehmerseite wechseln, als Verräter abgestempelt. Heute sind in vielen Firmen NGO-Profis beschäftigt und dort zum Beispiel für Kommunikation und Marketing verantwortlich. Auch umgekehrt sind heute immer mehr Manager bei NGOs aktiv und befinden sich dort in bester Gesellschaft.

Die CSR-Abteilungen bei den Unternehmen sind heute wichtige Kontaktadressen für die NGOs, um bei den Unternehmen ihre Positionen zu präsentieren. Gleichzeitig bieten aber die NGOs den Unternehmern auch ihre Kontakte für den Zugang zu neuen Märkten.

Gesellschaftliche Gruppen und Unternehmen experimentieren heute mit neuen Geschäftsmodellen mit dem Ziel, das größte Konsumsegment der Welt bedienen zu können. Es geht um rund 4 Milliarden Verbraucher, die auf Grund ihrer mangelnden Kaufkraft, aber auch zum Beispiel wegen der lokalen Vertriebsprobleme derzeit noch nicht an der globalen Wirtschaftskette beteiligt sind.

Trotz intensiver Bemühungen und nach mehr als 25 Jahren Globalisierung erwirtschaften internationale Konzerne noch immer nur geringe Umsätze in den ärmeren Gesellschaftsschichten der Entwicklungsländer. Abgesehen von einigen Ausnahmen wie zum Beispiel in der Mobil-Telefonie fehlt die Kaufkraft der Konsumenten selbst für die Konsumgüterindustrien. Unternehmen, die in den Märkten am unteren Ende der Wohlstandspyramide heute schon erfolgreich sind, haben häufig bereits über ihre CSR-Abteilung eine funktionierende Kooperation mit NGOs. So ist beispielsweise ABN Amro in Lateinamerika mit Hilfe der Nichtregierungsorganisation Acción International in das Geschäft mit Mikrokrediten eingestiegen. Oder die Shell Foundation hat mit Umweltorganisationen gemeinsam neue Lösungen gesucht, damit saubere und erneuerbare Energien schlecht versorgten Bevölkerungsgruppen zur Verfügung gestellt werden können.

Moderne zivilgesellschaftliche Gruppen haben verstanden, dass den Menschen vor Ort oft besser gedient ist mit eigenen Unternehmen anstatt mit traditioneller Entwicklungshilfe, sei es, dass die Menschen selbst solche Unternehmen gründen oder dass NGO-Aktivisten solche Gründungen vornehmen. Meistens sind derartige Sozialunternehmer in solche Märkte eingestiegen, bei denen die Konzerne trotz hoher Investitionen gescheitert waren. NGOs haben hier durch ihre eigenen Infrastrukturen große Vorteile gegenüber den meisten traditionellen Unternehmen. Sie können die Menschen in entlegenen Gegenden viel besser erreichen, nicht nur wegen ihrer besonderen Organisationsstruktur, sondern vor allem auch wegen ihrer Glaubwürdigkeit. Bei Nahrungsmitteln, Medikamenten und anderen Gütern vertrauen sie eher den ihnen bereits bekannten NGO-Aktivisten.

Nach dem Tsunami im Jahr 2004 haben in Indien einige NGOs im Rahmen ihrer Hilfeleistungen Mikrokreditorganisationen gestartet. Nach dem OECD-Bericht über Entwicklungszusammenarbeit aus dem Jahr 2005 summierten sich die Spenden, die über NGOs laufen, im Jahr 2003 auf etwa 10 Prozent der staatlichen und privaten Entwicklungshilfe von allen OECD-Ländern. Viele NGOs versorgen heute Arme sehr erfolgreich mit Mikrokrediten und mit anderen Produkten, die Privatunternehmen aus Kostengründen nicht anbieten.

Die Beispiele aus der Praxis bestätigen, wie wichtig die Rolle der Zivilgesellschaft für Veränderungen im Welthandel ist, die Ärmsten tatsächlich auch zu erreichen und deren unternehmerisches Potential durch Mikrokredite zu stärken und damit auch deren Kaufkraft anzuheben. So wirkte die NGO Acción International bei der Gründung der BancoSol in Bolivien mit, die sich ausschließlich an Kleinstunternehmer wendet.

Die zunehmende Bedeutung von NGO-eigenen Betrieben in Entwicklungsländern wirkt sich auch auf die Industrienationen aus. Local Sustainability ist zum Beispiel eine NGO in Kanada, die Kommunen in Sachen Technik und Energiemanagement berät. Diese Organisation hat aufgrund ihrer Erfahrungen Politiker, die für Energie- und Umweltfragen zuständig sind, überzeugt, die Verantwortlichen in den Kommunen dazu zu bewegen, in sparsamere Anlagen zu investieren. Über 36 Kommunen aus den USA und Kanada haben Local Sustainability bisher als Berater eingesetzt.

Je mehr Unternehmen gemeinsam mit NGOs Märkte am unteren Drittel der Wohlstandspyramide ansprechen, desto stärker erkennen beide Gruppen die Stärken und Schwächen des jeweils anderen. Langfristige Partnerschaften basieren auf Geschäftsmodellen, bei denen das Unternehmen eine wichtige Rolle bei der Wertschöpfung der NGO spielt und umgekehrt.

Die NGOs haben hier darauf zu achten, dass bei solchen Kooperationen hauptsächlich Kunden mit geringem Einkommen Produkte zu niedrigen Preisen erhalten. Bei der Beschaffung dieser Produkte ist zu beachten, dass alle relevanten sozialen und ökologischen Standards bei der Entstehung der Produkte eingehalten werden.

Folgendes Beispiel des BP-Konzerns bestätigt, wie man erfolgreich innovative Produkte für arme Verbraucher in den ländlichen Gegenden Indiens entwickeln kann.

Unternehmen und Gesellschaft: Den Armen helfen mit Gewinn

Der BP-Konzern möchte einen sparsamen Herd für arme Verbraucher in den ländlichen Gegen Indiens entwickeln. Marktanalysen hatten gezeigt, dass die Konsumenten in diesen Regionen selten die Möglichkeit haben, den Brennstoff je nach Verfügbarkeit und Preis wählen zu können. Daraufhin hat BP in Indien einen tragbaren Herd entwickelt, der sowohl mit Flüssiggas als auch mit Biogas betrieben werden kann.

Das größte Problem für BP war der Vertrieb in den abgelegenen Regionen, weil die meisten Dorfbewohner Indiens nur über kleine Läden oder von reisenden Händlern zu erreichen sind. Eine neue Vertriebsinfrastruktur sollte entwickelt werden, damit das Produkt auch preiswert angeboten würde. Die BP-Manager haben beschlossen, das Produkt mit drei NGOs gemeinsam zu vertreiben.

Für BP allein wäre es sehr kostenintensiv, eine Vielzahl von eigenen Agenten aufzubauen. Die NGOs hatten in der Region Mikrokredite und andere soziale Projekte in Südindien über Jahre betreut. Das Vertrauen und die Kenntnisse im Hinblick auf Sprache, Kultur und Herkunft waren bei den NGOs bereits vorhanden.

Beide Seiten, BP und NGOs, haben nach einiger Zeit gemeinsamer Marktforschungen ein strategisches Ziel festgelegt, um die Konsumenten gemeinsam zu versorgen. Sie entwickelten mehrere Regeln für die Zusammenarbeit, und in jeder Projektphase arbeiteten beide Seiten eng zusammen.

BP und die NGOs suchten gemeinsam nach Märkten und schulten Vertriebsleute. Die Art und Weise der wirtschaftlichen Zusammenarbeit hat mit den traditionellen Vereinbarungen zwischen Lieferanten und Vertriebspartnern nicht viel zu tun. Der Unterschied liegt in der Transparenz der Kostenstruktur und der Margen. Dieses ungewöhnliche hohe Maß an *Transparenz* hat dazu beigetragen, das Misstrauen zwischen BP als Konzern und den NGOs als gemeinnützigen Organisationen zu überwinden.

BP und die drei NGOs haben ein Finanzmodell entwickelt, mit dem alle Teilnehmer der Wertschöpfungskette des Produkts verdienen können. Der BP-Konzern musste den NGOs Geschäftsdaten offen legen, die er Vertriebspartnern normalerweise nicht zur Verfügung stellen würde. Gleichzeitig wurde ein Klima geschaffen, das von Offenheit, Transparenz und gemeinsamen Problemlösungen geprägt ist. In der Beziehung zwischen einem Konzern und NGOs, zwischen Kapitalisten und Idealisten, wurde hier gemeinsam ein Geschäftsmodell und ein effizientes Wirtschaftsökosystem entwickelt, das verschiedene Welten in einer neuen Wertschöpfungskette zusammenführt.

Diese neue Art von Allianz zwischen globalen Konzernen und örtlichen gemeinnützigen Organisationen verspricht mehr als nur Zugang zu besseren und billigeren Produkten. Arme Menschen erhalten durch diese die *Chance, eine neue Existenz aufzubauen* und mehr wirtschaftlichen und sozialen Einfluss zu erhalten. Diese Personengruppen können nun erstmals von der Globalisierung profitieren.

Das Beispiel bestätigt, dass weder Unternehmen noch NGOs es sich auf Dauer leisten können, den anderen als Gegner anzusehen. Beide Seiten bringen bei einer Kooperation Vermögen und Kompetenz in ein Unternehmen mit ein, das für jede Seite mehr Wert schafft, als dies durch getrennte Anstrengungen der beiden Gruppen in den Entwicklungsländern sonst möglich wäre.

Unternehmen und NGOs haben nun gemeinsam mit der Politik die Pflicht, auch in sozialer Hinsicht Erfolge zu erzielen. Die Leistung dieser neuen Partnerschaft wird nicht nur am Profit gemessen, sondern auch daran, welchen Wert und welchen sozialen Fortschritt sie den Kunden bringt. Sie können so beweisen, dass die Globalisierung nur dann Gewinne für alle an der Wertschöpfungskette eines Produkts Beteiligten einbringen kann, wenn Transparenz und faire Handelsregeln zwischen den Partner vereinbart wurden. Die Globalisierung bietet mit solchen Modellen die beste Chance, den Armen zu helfen und trotzdem Gewinne zu erzielen.

Von dem erfolgreichen brasilianischen Unternehmer Celso Grecco kam der Vorschlag, parallel zu den bisherigen Börsen Sozialbörsen zu eröffnen, bei denen die Unternehmen daran gemessen werden, wie viel »sozialen Gewinn« sie bewirkt haben. Er hat in seinem Heimatland die weltweit erste Sozialbörse eröffnet und bereits 50 soziale Projekte auf diesem Wege zu Aktiengesellschaften gemacht. Das folgende Beispiel des Konzerns Nestlé liefert einen weiteren Beleg und eine weitere Variante aus der Praxis, wie man Menschen vor Ort helfen kann.

Als Nestlé die Erlaubnis der indischen Regierung erhielt, eine Molkerei im nördlichen Distrikt von Moga zu errichten, lieferten nur 180 lokale Farmer Milch. In der Region herrschte große Armut. Viele hatten nur eine Kuh, die gerade genug Milch gab, um den eigenen Bedarf der Familie zu decken. 60 Prozent der Kälber starben zu der Zeit kurz nach der Geburt. Die Farmer hatten weder Kühlräume noch irgendwelche Transportmöglichkeiten.

Nestlé kam nicht mit sozialen Absichten nach Moga, sondern um ein Geschäft aufzubauen

Die Wertschöpfungskette dieses Unternehmens in Indien hing davon ab, lokale Bezugsquellen zu erschließen und Milch in einer großen Menge von Kleinbauern zu beziehen. Dazu musste Nestlé Strukturmaßnahmen umsetzen, durch die die Region heute enorm profitiert. Derzeit kauft das Unternehmen Milch von mehr als 75 000 Bauern in der Region und kann somit zweimal täglich von mehr als 650 örtlichen Molkereien die Milch einsammeln. Die Milchproduktion stieg um das 50-fache. Da sich die Qualität der Milch verbesserte, konnte Nestlé den Bauern höhere Preise anbieten, als die Regierung festgelegt hatte. Durch die regelmäßigen 14-täglichen Zahlungen wurden die Bauern kreditwürdig.

Andere Molkereien und Milchfabriken haben sich in der Region niedergelassen und allmählich entwickelt sich dort immer mehr Industrie.

Der Lebensstandard in Moga ist heute wesentlich höher als in den benachbarten Regionen. Die Menschen hier haben einen Telefonanschluss und Elektrizität. In allen Dörfern gibt es eine Grundschule und in vielen sogar weiterführende Schulen. Die sozialen Standards in der Region sind deutlich gestiegen. Zum Beispiel gibt es dort fünfmal so viele Ärzte wie in anderen Regionen.

Selbstverständlich profitiert auch Nestlé davon, denn durch die verbesserte *Kaufkraft* der ortsansässigen Farmer sind die Produkte wesentlich einfacher abzusetzen. Und natürlich ist auch leichter Gewinn zu erzielen bei Zielgruppen, die nicht mehr am untersten Ende der sozialen Leiter stehen.

Innovative Lösungen erschließen neue Weltmärkte

Wie sehr Unternehmen davon profitieren können, wenn sie durch technische Innovationen oder auch durch andere kluge Initiativen dazu beitragen, soziale oder ökologische Probleme in Entwicklungs- und Schwellenländern zu lösen, zeigen folgende Beispiele aus China.

China leidet inzwischen auf dramatische Weise unter den Umweltproblemen, die der wirtschaftliche Boom der letzten 15 Jahre auslöste. Die Regierung hat dies inzwischen erkannt und steuert dagegen. Aber noch scheitern viele politische Initiativen, insbesondere an den widerstreitenden Interessen der unterschiedlichen politischen Ebenen oder auch von konkurrierenden Marktteilnehmern. Die chinesischen Medien schlagen sich in Problemfällen immer gerne auf die Seite der einheimischen Unternehmen und attackieren die ausländischen Konzerne.

Vor diesem Hintergrund erkennen immer mehr internationale Konzerne, dass sie sich als besonders kreative Problemlöser profilieren müssen, wenn sie dauerhaft im großen China-Geschäft bleiben möchten.

Coca-Cola hat realisiert, dass Wasserknappheit und Luftverschmutzung die dringlichsten Umweltherausforderungen in China sind. Also hat der Konzern dort Abfüllanlagen mit modernster Technik eingeführt, die den Wasserverbrauch sehr stark reduzieren, und damit neue Standards gesetzt. Hewlett-Packard und der Spielwarenhersteller Mattel engagieren sich in analoger Weise für die Einführung modernster Umwelttechnologien für ihre gesamte Produktions- und Zulieferkette in China. General Electric arbeitet mit chinesischen Wissenschaftlern zusammen, um Windkraftprojekte, saubere Kohletechnologien, Verfahren zur Wasserreinigung und zum Recycling weiterzuentwickeln und zu implementieren. Diese Technologien sind speziell für China konzipiert, generieren aber neue Innovationen, mit denen General Electric auch sonst weltweit neue Märkte erschließen kann. Auch Shell entwickelte für China Konzepte für petrochemische Fabriken, durch die der Wasserverbrauch um 25 Prozent gesenkt werden konnte. Ferner lancierte Shell mit den lokalen Behörden und mit inhaltlicher Unterstützung von chinesischen NGOs wie Friends of Nature und Global Village of Beijing eine Umweltkampagne, an der sich bisher 300 000 Kinder beteiligten.

Ökosoziale Problemlösungen sowie das offensive Eintreten für wettbewerbsneutrale ökosoziale Rahmenbedingungen für die Weltwirtschaft ergänzen sich auf ideale Weise, um der gesamten globalen Ökonomie neue und nachhaltige Impulse zu geben. Unternehmen, die sich in diesem Feld früher als andere engagieren, organisieren damit für sich ideale Voraussetzungen, um im offenen Weltmarkt einen dauerhaft guten Platz zu gewinnen. Insgesamt ist der Erfolg jedes Unternehmens jedoch nur zu sichern, wenn es gemeinsam mit Politik und Zivilgesellschaft für kluge Rahmenbedingungen einer humanen und nachhaltigen Weltwirtschaft sorgt. Der soziale Friede ist auch für die Wirtschaft existenznotwendig.

Kapitel 6

Europa in der Verantwortung: Europa muss und kann der Globalisierung einen sozialen und ökologischen Rahmen geben

Europa – Weltmacht durch Wertorientierung

Nach der neoliberalen Euphorie der 1990er Jahre wendet sich spätestens seit 2005 das Blatt in Richtung eines neuen gesellschaftspolitischen Gestaltungsmodells. Die Befürworter einer ökosozialen Marktwirtschaft gewinnen in der Wirtschaftswissenschaft wie auch in der praktischen Politik bis tief in konservative Kreise hinein die Oberhand. Während das neoliberale Modell mit dem Wirtschafts- und Gesellschaftsverständnis der USA identifiziert wird, steht für das ökosoziale Modell die Europäische Union.

Jeremy Rifkin mit seinem Buch *Der Europäische Traum* und Mark Leonard mit *Warum Europa die Zukunft gehört* waren unter den ersten, die die besondere und in vieler Hinsicht führende Rolle der EU im 21. Jahrhundert hervorhoben. Sie sehen die EU, entgegen anderslautenden Einschätzungen, bereits jetzt in Bezug auf die wirtschaftliche Stärke vorn. Noch viel bedeutsamer aber ist, dass die EU ganz eindeutig die wirksamste politische Kraft in der Welt wurde und die USA weit abgehängt hat. Rifkin und Leonard führen für diesen Stand der Dinge die Qualität der Balance und der intelligenten Verknüpfung zwischen individueller Freiheit und kollektiver Verantwortung an, also zwischen der westlich-amerikanischen Überbetonung des Individualismus und der östlich-asiatischen Überbetonung der Gemeinschaft. Das europäische Modell könnte man als »Freiheit in globaler Verantworung« bezeichnen, als fortschreitende Liberalisierung bei gleichzeitig fortschreitender globaler Verantwortungsgestaltung.

»Der Amerikanische Traum betont wirtschaftliches Wachstum, persönlichen Reichtum und Unabhängigkeit. Der neue Europäische Traum konzentriert sich eher auf nachhaltige Entwicklung, Lebensqualität und wechselseitige Abhängigkeit«, meint Rifkin. In einer immer stärker vernetzten globalen Wirtschaft wie auch in einer immer stärker vernetzten globalen Politik werden Netzwerkqualitäten immer bedeutsamer. Der zu enge Blick nur auf das eigene wirtschaftliche Wachstum, den eigenen Reichtum und die eigene Unabhängigkeit bringen heute nicht mehr Stärke hervor, sondern provozieren Hass- und Revanchegefühle. In einer Ökonomie, die sich dank der neuen Kommunikationstechnologien rasant zu einer Netzwerkwirtschaft wandelt, ist nicht mehr der Rücksichtsloseste in der besten Position, sondern der intelligente Netzwerker. Der Blick auch auf das Wohl der anderen und das Wohl des Ganzen, der Blick auf Kooperation, Nachhaltigkeit und Werteorientierung wird immer mehr zum neuen überlegenen Erfolgsfaktor in Wirtschaft und Politik. Die Europäische Union ist zum größten Binnenmarkt geworden, zum größten Exporteur, Importeur und Dienstleister. Macht man nicht länger das Bruttoinlandsprodukt zum Maß aller Dinge, sondern sucht man nach Indikatoren echter Lebensqualitätssteigerung, dann hat Europa die USA längst an wirklichem Wohlstand überholt. Zudem sank das Realeinkommen der amerikanischen Industriearbeiter zwischen 1973 und 1995 um 14 Prozent und nach einer kurzen Erholungsphase ging das Einkommen der amerikanischen Durchschnittsfamilie zwischen 2001 und 2004 um über 1500 Dollar zurück. Erst recht auf politischem Gebiet gilt: Während die USA in jüngerer Zeit an Ansehen und Einfluss verloren haben, ist Europa zur stillen Supermacht aufgestiegen. Das EU-Vorbild in Bezug auf ökologische und soziale Standards hat weltweite Anziehungskraft gewonnen.

Rifkin führt die neue Stärke Europas auf die radikal veränderten Anforderungen im Zeitalter der Globalisierung zurück. Nicht mehr Märkte und Nationalstaaten seien gefragt, sondern Netzwerkwirtschaft sowie Netzwerke von selbstbewussten Regionen und Nationen, wie sie die EU prototypisch darstellt. Märkte im Zeichen einer nationalstaatlichen Ordnung basieren auf Misstrauen, Netzwerke auf Vertrauen, Märkte im Zeichen nationaler Souveränität basieren auf Eigeninteressen, Netzwerke auf gemeinsamen Interessen. Von Märkten im Zeichen des Konkurrenzkampfs der Nationen hält man sich fern und setzt auf Konkurrenz, Netzwerke gewinnen durch Kooperation und gute Beziehungen. Die Beziehungsqualität und die damit verbundenen menschlichen Qualitäten bilden den Unterschied im Stil der Wirtschaft und Politik Europas.

Dies stellt auch Mark Leonard fest: »Bei Verhandlungen der Europäer mit beitrittswilligen Staaten geht es nicht um die klassischen geopolitischen Interessen. Sie fangen am anderen Ende des Themenspektrums an: Was sind die Grundwerte des Aspiranten? Wie sieht sein Verfassungsrahmen, wie der Staatsapparat und die Herrschaftsstruktur aus?« Auf der Klärung der Grundwerte baut die Herrschaft des daraus abgeleiteten Rechts auf. An der Bestimmung von beiden wirken in der EU nicht nur die starken, sondern in ungewohnter Intensität auch die schwachen Länder mit. Das auf diesem Weg gemeinsam Errungene fließt dann über die gemeinsame Koordinierungsstelle Brüssel in die nationalen Gesetze und Politiken ein. Und daraus leitet sich auch die Messlatte für die Beitrittswilligen ab. »Europas Macht liegt« – nach innen wie nach außen – »in der Transformation«, so Leonard.

Der Weg zu dieser Transformationskraft wirkt auf manche Beobachter jedoch wie Uneinigkeit und Schwäche. Ständig berichten die Medien über die endlos erscheinende Geschichte des Streits bei den EU-Treffen auf allen Ebenen. Und wie oft gab es nur kleine Fortschritte und bestenfalls halb überzeugende Kompromisse, wenn sich die führenden EU-Politiker wieder einmal zusammenrauften. Doch im Ergebnis führte diese Politik der kleinen Schritte zu einem höchst erstaunlichen Fundament an Einigkeit und Handlungsfähigkeit. Leonard sieht in der vermeintlichen Schwäche die eigentliche Größe Europas, weil sich jedes Land am Ende jeden Ringens als wichtig und wertvoll wahrnehmen kann. Und noch war jedes Scheitern in der Geschichte der EU der Einstieg in einen neuen Lernschritt, der früher oder später zum erfolgreichen Abschluss führte. Natürlich verfolgen auch in der EU die einzelnen Nationen unübersehbar ihre eigenen Interessen, aber: »Paradoxerweise projizieren sie ihre Werte auf die europäische Ebene, um partikulare Interessen zu wahren. So entstand die eigentümliche Situation, dass die einzelnen Staaten Interessen, nicht Werte vertreten, während die EU Werte, nicht Interessen vertritt.«

Der europäische Weg bezieht alle in die Definition und Interpretation der Grundwerte ein – nicht nur die staatlichen Gliederungen, sondern auch die Regionen und insbesondere auch und immer mehr die Zivilgesellschaft. Dieser Weg sowie die daraus hervorgegangenen europäischen Standards genießen dadurch in der Welt immer größeres Vertrauen, immer größere Anziehungskraft und immer größere Gestaltungsmacht.

Rifkin und Leonard führen folgende Merkmale der EU an, durch die sie sich von den bisherigen Politikmodellen abhebt im Sinne eines modernen Netzwerkverständnisses:

- Bei allen Interessenunterschieden haben alle EU-Länder in diesen Kernpunkten dieselben Ziele: Multilateralität, Demokratie, Schutz der Menschenrechte und Herrschaft des Völkerrechts, Diplomatie und taktisches Verhandeln statt militärischer Gewalt, Freihandel bei gleichzeitiger ökosozialer Marktwirtschaft.
- Die EU zielt darauf ab, die nationale Identität der einzelnen Mitglieder zu stärken, nicht sie zu ersetzen.
- Interessenkonflikte zwischen den Mitgliedsnationen werden offen ausgetragen. Das erhöht das Vertrauen und die Anziehungskraft bei den anderen Nationen.
- Die EU übt Macht nicht durch Machtdemonstrationen und Gewalt aus, sondern durch Prävention sowie die Vereinbarung von Standards im Sinne des Völkerrechts und durch deren Kontrolle, nicht durch Invasion, sondern durch Inspektion.

Was hier den Unterschied ausmacht, lässt sich am Ziel der Beseitigung der Massenvernichtungswaffen im Irak deutlich machen. Als die von den USA angeführte »Koalition der Willigen« im Irak einmarschierte, um die noch vermuteten Massenvernichtungswaffen von Saddam Hussein zu zerstören, musste sie feststellen, dass Hans Blix mit seinen UN-Inspekteuren ganze Arbeit geleistet hatte: Es waren praktisch keine solche Waffen mehr vorhanden. Sie waren tatsächlich alle abgebaut und vernichtet.

Nach Leonard »besteht die Genialität der Europäer darin, dass sie sich nicht entmutigen lassen und immer weitermachen mit ihrem Versuch. Und aus jedem Fehlschlag sind sie bis jetzt gestärkt hervorgegangen.«

Die EU folgt in ihrer Politik nach innen, gegenüber den beitrittswilligen Ländern sowie auch gegenüber allen anderen – soweit dies möglich ist – der Linie, die in den so genannten »Kopenhagener Kriterien« für die Beitrittsländer festgelegt sind: »Als Voraussetzung für die Mitgliedschaft muss der Beitrittskandidat eine institutionelle Stabilität als Garantie für demokratische und rechtsstaatliche Ordnung, für die Wahrung der Menschenrechte sowie die Achtung und den Schutz von Minderheiten verwirklicht haben; sie erfordert ferner eine funktionsfähige Marktwirtschaft sowie die Fähigkeit, dem Wettbewerbsdruck und den Marktkräften innerhalb der Union standzuhalten. Die Mitgliedschaft setzt außerdem voraus, dass die einzelnen Beitrittskandidaten die aus einer Mitgliedschaft erwachsenden Verpflichtungen übernehmen und sich auch die Ziele der politischen Union sowie der Wirtschafts- und Währungsunion zu eigen machen können.«

Selbstverständlich lassen sich diese weitreichenden Forderungen keinesfalls vollständig auf die Beziehung der EU zu allen anderen Ländern übertragen. Aber sie kann auf dieser Linie mit besten Argumenten von allen Ländern der Welt, die mit der EU Handel treiben wollen, verlangen, dass sie wenigstens die Kernstandards für eine nachhaltige und gerechte Entwicklung einhalten. Leonard schreibt hierzu:

»Die EU hat einen umfassenden Gesetzeskanon an der Hand, mit dem sie ihre Rechtsprinzipien und Werte in der ganzen Welt von Australien bis Sambia verbreiten kann. Und das tut sie, indem sie Konformität mit ihren Gesetzen und Satzungen zur Bedingung für den Zugang zu ihrem Markt macht. Mit ihrer Marktmacht konnten die Europäer von einer Großmacht wie den USA die Aufhebung ungerechter Einfuhrzölle auf Stahl und andere Produkte erzwingen. Überdies gibt ihr Marktpotential der EU die Möglichkeit, bei Normen und Richtlinien einen globalen Standard zu definieren. Weltweit sind es Tausende von Firmen, die sich nicht mit den heimischen Normen begnügen, sondern sich um des Zugangs zum europäischen Markt willen lieber an die strengeren EU-Richtlinien halten … Europa hat die Macht zur Systemveränderung, weil es Reformer belohnen und Säumigen Vergünstigungen vorenthalten kann.«

Und Rifkin fasst die Anziehungskraft und Gestaltungsstärke so zusammen:»Die Legitimität der EU beruht nicht auf der Kontrolle von Territorium oder der Besteuerung von Bürgern oder auf Polizei oder Militär, sondern in einem auf den universellen Menschenrechten basierenden Verhaltenskodex, der durch Staaten, Regelungen und Direktiven und, am wichtigsten, durch ständiges Engagement, Diskussionen und multiple Verhandlungen mit Akteuren auf lokaler, regionaler, nationaler, transnationaler und globaler Ebene in die Praxis umgesetzt wird.«

Die EU in der Vorreiterrolle

Wenn man begründen möchte, weshalb die Europäische Union dazu prädestiniert ist, eine führende Rolle beim Durchbruch zu einem fairen, humanen und nachhaltigen Ordnungsrahmen für die Weltwirtschaft zu spielen, dann bedarf es hierzu nur des Verweises auf Kerndokumente und Broschüren der EU. Wenn die EU ihre selbst definierten Werte und Positionierungen ernst nimmt, kann sie nicht anders, als mit gutem und mutigem Beispiel voranzugehen, um den EU-Wirtschaftsraum so zu gestalten, dass dort Fair Trade ernsthaft und konsequent praktiziert wird und in Folge dessen auch in jenem Wirtschaftsraum, der mit der EU Handel treibt. Im Interesse Europas und der Welt sollten wir die EU beim Wort nehmen.

In der EU-Broschüre »Globalisierung als Chance für alle – Die Europäische Union und der Welthandel« schreibt die EU-Kommission:

»Als weltweit führende Handelsmacht hat die EU starkes Interesse daran, Bedingungen zu schaffen, die dem Handel förderlich sind. Durch ihre führende Stellung hat sie aber auch Verantwortung gegenüber dem Rest der Welt. Sie spielt deshalb eine führende Rolle bei internationalen Handelsgesprächen, wo sie versucht, über die Welthandelsorganisation (WTO) fairen Handel zu erreichen und die Globalisierung in geordnete Bahnen zu lenken. Die EU setzt sich für die Einbindung der Entwicklungsländer ins internationale Handelssystem ein und gibt diesen dabei, falls nötig, die erforderliche Hilfestellung. Dies gilt ganz besonders für die allerärmsten Länder, die bis jetzt keinen greifbaren Nutzen aus der Globalisierung ziehen.«

Unter der Überschrift »Freier Handel – fairer Handel« heißt es dann weiter: »Ziel der Europäischen Union ist der freie, faire Handel oder, anders ausgedrückt, ein System, in dem alle Länder frei und ohne protektionistische Hemmnisse miteinander Handel treiben und für alle die gleichen Regeln gelten. Die EU will die gleichen Ausgangsbedingungen für alle Länder und klare allgemein gültige ›Spielregeln‹. Das System soll transparent, d. h. für die Öffentlichkeit völlig durchschaubar sein.«

In Bezug auf fairen Handel sind wir in der Praxis jedoch noch weit von »gleichen Regeln« und »gleichen Ausgangsbedingungen«, entfernt. Diese sind am besten durch ein Global Fair Trade-System zu erreichen. Dasselbe gilt für die angesprochene Transparenz.

Der Artikel 2 des Gründungsvertrags zur Europäischen Gemeinschaft bezeichnet genau das, worum es heute unter den Vorzeichen der Globalisierung nicht mehr nur für Europa gehen soll und muss, sondern für die gesamte Welt:»… eine harmonische, ausgewogene und nachhaltige Entwicklung des Wirtschaftslebens, ein hohes Beschäftigungsniveau und ein hohes Maß an sozialem Schutz…, einen hohen Grad von Wettbewerbsfähigkeit … und Verbesserung der Umweltqualität, die Hebung der Lebenshaltung und der Lebensqualität«.

Aufgrund der engen Vernetzung der Weltwirtschaft reicht es nicht mehr aus, derartige Ziele nur für das eigene Land oder die eigene Ländergemeinschaft erreichen zu wollen. Das eigene Verhalten muss in den internationalen Beziehungen dem entsprechen, wie der Buddhismus die in allen Weltreligionen vorhandene»Goldene Regel« in Worte kleidet:»Man sollte für andere das Glück suchen, das man sich selbst wünscht« – oder dem christlichen Gebot folgen:»Alles nun, was ihr wollt, dass euch die Leute tun sollen, das tut ihnen auch.«

Die zuvor bereits zitierte EU-Broschüre trägt diesem Gedanken Rechnung, indem sie formuliert:»Wenn ungleich entwickelte Länder im Zuge einer ungeregelten Globalisierung miteinander konkurrieren müssen, kann dies den Abstand zwischen reich und arm noch vergrößern, und die ärmsten Länder geraten noch stärker ins Hintertreffen. Allein können die Staaten dieses Problem nicht lösen. Ist die Wirtschaft globalisiert, müssen auch die Spielregeln auf globaler Ebene festgelegt werden.« So weit kann man den Ausführungen nur vorbehaltlos zustimmen. Bei der Klarheit dieser Worte bleibt nur die Frage: Wie kann es die *Europäische Union* dann überhaupt noch zulassen, dass Produkte aus eindeutig ausbeuterischen Arbeitsbedingungen auf ihren Märkten gehandelt werden dürfen? Wie ist es möglich, dass die *europäische Zivilgesellschaft* sich noch nicht auf diese eindeutige EU-Philosophie beruft und ein konsequentes Handeln der EU zur Durchsetzung ihrer zentralen Mindeststandards für alle Produkte verlangt, die in der EU vertrieben werden? Wie ist es möglich, dass die *NGOs innerhalb der EU* noch nicht aufgestanden sind und die Einhaltung der EU-Mindeststandards für alle Produkte auf dem EU-Markt einklagen?

Wir sollten uns nicht länger damit abspeisen lassen, was die EU derzeit noch als einzigen Umsetzungsweg zu diesem Ziel sieht: den langen, mühevollen und zu menschenunwürdigen Kompromissen zwingenden Weg von multilateralen Verhandlungen: »Nur durch internationale Vereinbarungen können wir die Globalisierung in geordnete Bahnen lenken, sodass sie allen zugute kommt«, kennzeichnet die Haltung der EU bis heute.

An dieser Stelle bietet das Konzept Global Fair Trade-System eine zusätzliche Handlungsoption an und schlägt vor, dass die EU ihre innerhalb der Europäischen Gemeinschaft gültigen und bewährten ökosozialen Standards auf alle Produkte ausdehnt, die in der EU gehandelt werden. Durch das vorgeschlagene Global Fair Trade-Label kann jeder Konsument erkennen, dass ein Produkt den EU-Standards – die nichts anderes sind als die internationalen ökosozialen Standards – entspricht. Der EU-Konsument sollte genau dies offensiv verlangen.

Die Durchsetzung der ökosozialen Mindeststandards ist das genaue Gegenteil eines imperialistischen Verhaltens: Es handelt sich hier nicht um Standards, die nur der EU selbst nützen und den anderen Ländern und deren Bürgern Schaden zufügen würden. Ganz im Gegenteil geht es darum, dass die reichen Länder über das Global Fair Trade-System endlich bereit sind, faire Preise und faire Arbeitsbedingungen zu bezahlen sowie eine nachhaltige Form des Wirtschaftens in den armen Ländern zu verwirklichen. Auch der Vorwurf der Einmischung in die inneren Angelegenheiten dieser Länder trifft für das Global Fair Trade-System nicht zu: Es ist die ureigene Angelegenheit Europas, dafür Sorge zu tragen, dass ihre Unternehmen nicht ausgerechnet *wegen* der Erfüllung der in der EU geforderten ökosozialen Standards schlechter gestellt werden als jene Unternehmen, die im selben Markt ihre Produkte anbieten wollen und diese Standards nicht einhalten.

In ihrer Broschüre »Globalisierung als Chance« schreibt die EU selbst: »In der EU-Handelspolitik geht es jetzt nicht mehr nur um die Liberalisierung des Handels. Es geht auch darum, die internationalen Regeln zu aktualisieren und zu verbessern und ihren Anwendungsbereich zu erweitern, damit im Rahmen einer geregelten Globalisierung der faire Handel gewährleistet ist. Und es geht darum, international verstärkt die Belange der Entwicklungsländer zu berücksichtigen und Fragen von allgemeinem öffentlichen Interesse zu behandeln. Eine der größten Herausforderungen heute besteht jedoch darin zu erreichen, dass die Welthandelsregeln auch nicht direkt handelsbezogenen Aspekten wie Umweltschutz, öffentliche Dienste, Lebensmittelsicherheit, Landwirtschaft und Kultur Rechnung tragen.«

Wenn es heute um dies gehen muss, dann muss die EU – mit Unterstützung von Zivilgesellschaft und NGOs – über Wege nachdenken, wie diese Ziele nicht nur *konsequent*, sondern auch *realistisch zeitnah* erreicht werden können, und ernsthaft prüfen, ob die Realität und Praxis der internationalen Verhandlungen und deren gegenwärtiger Zustand dafür als aussichtsreich angesehen werden können. Die Anzeichen sprechen nicht dafür, ganz im Gegenteil.

Die letzten Jahre waren bei den großen internationalen Herausforderungen durch einen erschreckenden Rückfall in unilaterales Verhalten gekennzeichnet, was beispielsweise den internationalen Terrorismus eher befördert als eingedämmt hat, und dies trotz Einsatzes hoher finanzieller und logistischer Mittel. Die Klimaverhandlungen kommen nicht ernsthaft voran, obwohl die warnenden Stimmen über die bedrohliche Lage erheblich an Deutlichkeit und Gewicht zugenommen haben. Oder, um ein weiteres Aktionsfeld anzusprechen: Die WTO-Verhandlungen stocken seit Jahren, obwohl die Ministerkonferenz am 14. November 2001 mit einem klugen und richtungsweisenden Beschluss endete. Man läutete eine neue Runde von Welthandelsgesprächen ein, die man als »Entwicklungsagenda von Doha«, bezeichnete. Diese hat durchaus analoge Ziele wie das Global Fair Trade-System:

»Zur Untermauerung der Agenda haben sich die WTO-Mitglieder verpflichtet, den Entwicklungsländern dabei zu helfen, vollen Nutzen aus künftigen WTO-Beschlüssen zu ziehen«, verlautbart die EU und fährt fort: »Nach Auffassung der EU ist die neue WTO-Runde, zu deren Einleitung sie maßgeblich beitrug, das geeignetste Mittel, um sicherzustellen, dass bei der Ausweitung des Handels ein Gleichgewicht zwischen Wirtschaftswachstum, Umweltschutz und sozialer Gerechtigkeit – mit anderen Worten eine nachhaltige Entwicklung – erreicht wird.« In einer anderen EU-Broschüre mit dem Titel »Ein globaler Akteur« heißt es noch deutlicher: »Ziel ist es, Hindernisse des Freihandels insbesondere zu Gunsten der Entwicklungsländer zu beseitigen« und »Entwicklungsländern zu helfen, ihre Handelsbilanz zu verbessern, indem ihnen besserer Zugang zum EU-Markt gewährt wird«.

Doch die ersten Verhandlungsrunden zur Doha-Entwicklungsagenda haben sich sehr schnell wieder von diesem Ziel entfernt. Die Verlockungen, kurzsichtige innenpolitische und nationale Interessen zu bedienen, erwiesen sich für viele Länder als unwiderstehlich. Die lähmende Zieherei um egoistische Vorteile setzte sich unvermindert fort.

Multilaterale Verhandlungen dürfen keinesfalls ausgesetzt werden. Multilateralismus ist die richtige Ebene, auf der sich alle wichtigen Fortschritte letztlich durchsetzen müssen. Aber auch die Europäische Union wäre – in historischer Dimension gesehen – niemals so schnell vorangekommen, hätten nicht einige Länder wie Frankreich und Deutschland eine aktive Vorreiterrolle gespielt. Die EU muss als die erfahrenste, fortgeschrittenste und erfolgreichste Staatengemeinschaft in der heutigen Weltlage eine analoge Rolle in der Weltpolitik spielen. Das Entscheidungstempo der heutigen multilateralen Verhandlungen zu den großen Menschheitsaufgaben ist ohne jeglichen Zweifel sehr weit hinter den Erfordernissen zurück. Es gibt keine ernsthafte Alternative dazu, dass Staatengemeinschaften heute für einzelne Themenfelder eine Vorreiterrolle übernehmen müssen.

Die EU muss diese Verantwortung auch deshalb übernehmen, weil niemand über bessere Erfahrungen mit einer ökosozialen Rahmenordnung für die Marktwirtschaft verfügt. Diese historische Rolle der EU wird inzwischen auch von immer mehr Ökonomen in Nordamerika anerkannt. Sie setzen ihre Hoffnung auf eine Globalisierung des europäischen Modells einer ökosozialen statt neoliberalen Marktwirtschaft. Jeremy Rifkin betont, der Entwurf zur EU-Verfassung sei »das erste Dokument dieser Art, das die Rechte und Verantwortlichkeiten des gesamten menschlichen Daseins auf der Erde ins globale Bewusstsein bringt. Der Text spricht eine universelle Sprache und stellt damit klar, dass er sich nicht auf ein Volk oder Territorium beschränkt, sondern die Rechte der gesamten Menschheit meint.«

Die Konsumenten in der EU haben ein Recht auf Transparenz

Die EU erfüllt alle erforderlichen rechtlichen und strukturellen Voraussetzungen, um die in Kapitel 7 vorgeschlagene EU-Verordnung zur Einführung eines Global Fair Trade-Systems umsetzen zu können, wenn sie der in diesem Buch entwickelten Argumentation folgt. Und sie liefert Vorlagen, mit denen sich sogar *ein Recht auf die Umsetzung eines Global Fair Trade-Systems* ableiten lässt.

So schreibt die EU-Kommission zum Thema »Europäische Wettbewerbspolitik und die Verbraucher«: »Die Europäische Kommission wendet EU-Recht an und setzt es durch. Sie kann von Unternehmen verlangen, Informationen bereitzustellen, und kann erforderlichenfalls Nachprüfungen … durchführen … Wie die Wettbewerbsbehörden können auch die nationalen Gerichte darüber entscheiden, ob eine bestimmte Vereinbarung den Anforderungen des EU-Wettbewerbsrechts genügt. Unternehmen und Verbraucher können Schadenersatz fordern, wenn sie Opfer rechtswidriger wettbewerbsbeschränkender Verhaltensweisen geworden sind.«

Hier erhebt sich die spannende Frage, wie man »wettbewerbsbeschränkende Verhaltensweisen« definiert. Bisher wurde dies eher als ein Rechtsanspruch für Produkte interpretiert, die mit *geringeren* sozialen und ökologischen Standards auf den Markt drängen wollten. Eine solche Interpretation ist für Hersteller solcher Produkte, die ihren Wettbewerbsvorteil durch Kosteneinsparungen im ökosozialen Bereich erschlichen haben, gut nachvollziehbar. Ist aber eine solche Interpretation tatsächlich im Interesse der europäischen Gesellschaft? Sie würde sich damit ihre so schwer erkämpften sozialen und ökologischen Errungenschaften selbst aushebeln.

Die angesprochene Interpretation ist aber auch ganz und gar nicht im Interesse der europäischen Wirtschaft. Sie ist nichts Geringeres als das Einfallstor für einen Öko- und Sozialdumping-Wettbewerb, bei dem neben sehr vielen Menschen auch der Großteil der europäischen Wirtschaft nur verlieren kann. Die Wirtschaftsverbände in Europa sollten daher das EU-Wettbewerbsrecht genau anders herum interpretieren: als einen Rechtsanspruch auf ein Global Fair Trade-System. Sie sollten deutlich machen, dass sie das Gebot der Wettbewerbsneutralität und den Schutz vor »wettbewerbsbeschränkenden Verhaltensweisen« so sehen, dass dies allein durch die Anwendung derselben ökosozialen Standards für alle Produkte, die in der EU gehandelt werden, gewährleistet sein kann. Es lohnt sich, die Frage der Interpretation dieser zentralen EU-Prinzipien nötigenfalls auch einmal höchstrichterlich bei den EU- wie bei den WTO-Gerichten klären zu lassen.

Basis hierfür kann bei den EU-Gerichten der Verfassungsvertrag der EU sein, der mit ähnlichen Formulierungen bereits in zahlreichen EU-Dokumenten auftaucht. Hier heißt es:

»Ziel der Union ist es, den Frieden, ihre Werte und das Wohlergehen ihrer Völker zu fördern. Die Union bietet ihren Bürgern einen Raum der

Freiheit, der Sicherheit und des Rechts und einen Binnenmarkt mit freiem und unverfälschtem Wettbewerb. Die Union strebt ein Europa der nachhaltigen Entwicklung auf der Grundlage eines ausgewogenen Wirtschaftswachstums, der Preisstabilität, einer in hohem Maße wettbewerbsfähigen sozialen Marktwirtschaft, eines hohen Maßes an Umweltschutz und Verbesserung der Umweltqualität an. Sie unterstützt den wissenschaftlichen und technischen Fortschritt. Sie bekämpft Ausgrenzung und Diskriminierungen und fördert Gerechtigkeit und sozialen Schutz, die Gleichstellung von Frau und Mann, die Solidarität zwischen den Generationen und den Schutz der Rechte des Kindes.«

Gegenüber der WTO kann und sollte die Europäische Union folgende Argumentation vorbringen und, wenn nötig, auch vor den WTO-Gerichten verteidigen:

»Der Welthandel wurde, nicht zuletzt dank der WTO, in den vergangenen Jahren immer offener. Damit verbunden wurde aber auch der Arbeitsmarkt immer offener sowie der Austausch von Produkten, die unter völlig unterschiedlichen ökologischen Standards hergestellt wurden. Die schrittweise Öffnung der Märkte stellte ein Mehr an Wettbewerbsneutralität her. Gleichzeitig löste dies aber auch einen gegenläufigen Effekt aus: Die Wettbewerbsneutralität wurde wieder immer mehr verletzt, je mehr beim Austausch von Waren und Dienstleistungen völlig unterschiedliche Wetbewerbsbedingungen hinsichtlich der ökologischen und sozialen Standards aufeinandertrafen. Es widerspricht dem Prinzip der Wettbewerbsneutralität bei offenen Märkten fundamental, wenn nur der Freihandel immer offener und globaler werden soll, aber die Angleichung der Standards allein nationalem Handeln und binationalen Vereinbarungen überlassen bleibt.

Wir, die Europäische Union, haben Verständnis für die Position, dass einzelne Länder nicht eigenmächtig irgendwelche Standards durchsetzen können, weil dadurch in der Praxis tatsächlich immer wieder mehr oder minder verstecktem Protektionismus Vorschub geleistet wird. Die EU setzt sich daher für einen Ansatz ein, der Protektionismus systemisch überwindet und dennoch gleichzeitig für die Vereinbarkeit von grundlegenden Standards und Weltbewerbsneutralität sorgt. Das Global Fair Trade-System leistet dies, indem es nur jene Standards, für die auch die EU eintritt, zu allgemeinen Standards erklärt haben möchte, die alle bereits international breite Anerkennung gefunden haben. Diese flossen in die beiden Managementsysteme SA 8000 und ISO 14001 ein, die ebenfalls breite internationale Anerkennung gefunden haben. Wenn die Weltgemeinschaft fundamentale Standards *und* Wettbewerbsneutralität gleichzeitig wirklich ernst nimmt, gibt das Global Fair Trade System dafür den besten Rahmen.«

Die Lücke zwischen globalem politischen Handlungs*bedarf* und *tatsächlichem* globalverantwortlichen Handeln wird immer größer. Sie ist inzwischen so unübersehbar, dass jetzt auch auf Seiten der Politik die Bereitschaft wächst, essentielle Standards notfalls auf unkonventionellen Wegen durchzusetzen. So will der EU-Umweltkommissar Stavros Dimas ab 2011 auch die Fluggesellschaften in den Emissionshandel zum Klimaschutz aufnehmen. Ein Jahr später sollen dann dieselben Regeln auch für außereuropäische Fluggesellschaften gelten. Sie sollen ab diesem Zeitpunkt europäische Flughäfen nur noch anfliegen dürfen, wenn sie sich in gleicher Weise am Emissionshandel beteiligen wie die europäischen. Dies bedeutet nichts anderes als die Anwendung der Logik des Global Fair Trade-Systems auf den Flugverkehr.

Im November 2002 verständigte sich die Europäische Kommission auf das Vorsorgeprinzip bei der Überwachung von wissenschaftlichen und technischen Innovationen und bei der Einführung neuer Produkte. Jeremy Rifkin schreibt hierzu:»Wenn alles menschliche Leben und all unsere Mitkreaturen miteinander und mit der Geochemie des Planeten in einer komplexen Choreographie verflochten sind, dann sind wir alle von der Gesundheit des ganzen Organismus abhängig und dafür verantwortlich. Dem Rechnung zu tragen heißt, unser individuelles Leben in unseren Gemeinschaften so zu führen, dass es dem Wohlergehen der gesamten Biosphäre dienlich ist. Das ist genau die Aufgabe, die sich die EU mit ihren 25 Mitgliedstaaten und 455 Millionen Bürgern gestellt hat.«

Es stellt sich für die Europäische Union zu Recht folgende Frage: Kann sie auf diesem Wege ausgerechnet die Schlüsselfrage aussparen – die gerechte und nachhaltige Gestaltung der Märkte?

Kapitel 7

Welthandel transparent und wettbewerbsneutral gestalten: Das Zertifikat für Global Fair Trade

In diesem Kapitel wird der Mechanismus des von mir vorgeschlagenen *Global Fair Trade-Systems* mit dessen zentralen Elementen des *Global Fair Trade-Zertifikats* und der beiden *Global Fair Trade-Labels in Silber und Gold* vorgestellt, einschließlich der Vorschläge zu deren praktischer Einführung. Diese Ausführungen sollen jedoch nicht als eine Art Gebrauchsanweisung für ein solches Global Fair Trade-System verstanden werden. Ein »Handbuch zur Umsetzung« kann letztlich nur von der EU-Kommission geschrieben werden. Hier geht es deshalb lediglich um die Beschreibung des Konzepts. Zuvor fasse ich noch einmal kurz die Kernthesen aus den Kapiteln 2 bis 4 zusammen.

Das Global Fair Trade-System bietet im Blick darauf ein schlüssiges Lösungskonzept an.

Transparenz der Werteorientierung der Unternehmen

Jede Aktiengesellschaft ist in Bezug auf ihre finanziellen Erfolge gegenüber ihren Shareholdern verpflichtet, transparente und umfangreiche Quartalsberichte vorzulegen. Diese Berichte werden von unabhängigen Wirtschaftsprüfern sorgfältig kontrolliert und bestätigt. Die Aktionäre verlangen von allen Unternehmen, die mit ihrem Geld arbeiten, eine offene und ehrliche Kommunikation, damit sie als Shareholder einen klaren Blick auf die finanzielle Stärke und Performance des jeweiligen Unternehmens erhalten.

Die Transparenz in Bezug auf den Umgang eines Unternehmens mit der Umwelt, den Mitarbeitern und der Gesellschaft ist bei den Unternehmen jedoch noch sehr unterschiedlich entwickelt. Die Transparenz über die Werteorientierung eines Unternehmens ist bis heute keine Selbstverständlichkeit, geschweige denn eine gesellschaftlich eingeforderte und rechtlich geregelte Verpflichtung.

Von Seiten der Öffentlichkeit und der Politik gewinnt die Diskussion über die soziale und gesellschaftliche Verantwortung von Unternehmen inzwischen jedoch immer größere Aktualität. Im Zusammenhang mit den Globalisierungsprozessen stehen die Unternehmen vermehrt im Lichte der Aufmerksamkeit.

Insbesondere über die kommunikative Macht der Medien ist es NGOs und anderen Stakeholder-Gruppen gelungen, den gesellschaftlichen Druck auf Unternehmen zu erhöhen. Die Unternehmen antworten auf ihre wachsende gesellschaftliche Verantwortung zunehmend durch den Aufbau von eigenen Abteilungen für Corporate Social Responsibility (CSR).

Gleichzeitig stehen viele Unternehmen in Europa und den Industrieländern unter wachsendem Wettbewerbsdruck seitens der Unternehmen aus den Entwicklungs- und Schwellenländern im Hinblick auf ökologisches und sozial verträgliches Verhalten. Der Grund hierfür ist das Zulassen eines unfairen Wettbewerbs durch die Politik. Die Politik hat es bisher versäumt, faire und funktionierende Rahmenbedingungen für eine ökosoziale Marktwirtschaft im internationalen Handel zu schaffen.

Da klare politische Festlegungen auf ökosoziale Standards fehlen, beschränkt sich auch die Transparenz und Kommunikation der Unternehmen zu den ethischen Aspekten ihres Handelns nur auf einen kleinen Teil ihrer Produktpalette – jenen Teil, in dem »fairer Handel« wenigstens teilweise funktionieren kann trotz des scharfen Dumpingwettbewerbs. Oder sie bezieht sich auf jene kompensierenden Aktivitäten, die einen mehr oder minder großen Ausgleich bei den sozialen Defiziten in der Gesellschaft leisten sollen. Nur dieser Teil findet dann auch Widerhall in der CSR-Kommunikation der Unternehmen.

So begnügt sich zum Beispiel ein Handelskonzern mit Milliardenumsätzen als seine CSR-Leistung damit, eine Grundschule in Istanbul zu finanzieren sowie eine Bewässerungsanlage für ein Grundstück von 50 Hektar. Dies wird dann als das soziale Profil des Unternehmens angepriesen. Ein anderer Weltkonzern mit über 75 Milliarden Euro Umsatz überreichte Schecks in der Gesamthöhe von 300 000 Euro als seinen Jahresbeitrag an Corporate Social Responsibility, an das Deutsche Rote Kreuz und an UNICEF. Das sind weniger als 0,0005 Prozent seines Umsatzes. Zu allen anderen Aspekten der ökosozialen Wertorientierung des Unternehmens und insbesondere der von ihnen produzierten beziehungsweise vertriebenen Produkte findet keine oder fast keine Kommunikation statt und damit keine Transparenz, die diesen Namen verdienen würde.

Mehrere Einzelhandelskonzerne in Europa versuchen ihrer Verantwortung in Sachen gesellschaftliches Engagement dadurch nachzukommen, dass sie einen gemeinsamen Verhaltenskodex definierten. Auf diesem Wege erreichen sie gleichzeitig auch wenigstens ein kleines Stück Wettbewerbsneutralität zwischen diesen Konzernen. Die in der »Business Social Compliance Initiative« (BSCI) zusammengeschlossenen Unternehmen verlangen von ihren Lieferanten die Erfüllung einer Reihe von sozialen und ökologischen Standards, bevor sie mit ihnen Geschäftsbeziehungen aufnehmen. Die Lieferanten bestätigen dies durch eine Verpflichtungserklärung und ein so genanntes Selbstaudit: sie »prüfen« sich also selbst. Es ist klar, dass dies nur sehr bedingt wirksam sein kann. Richtig wäre es, wenn die BSCI-Mitglieder beispielgebend vorangehen und zusätzlich ihre Lieferanten dazu verpflichten, dass diese sich nach ISO 14 001 und SA 8000 zertifizieren lassen.

So dreht sich die Erwartungshaltung der Gesellschaft zur weltweiten Umsetzung glaubwürdiger ökosozialer Standards im Kreis, ohne dass auch nur annähernd befriedigende Ergebnisse zustande kämen: Da die Politik solche Standards nicht überzeugend umsetzt, richtete sich die Erwartung an die Wirtschaft, dass diese mehr gesellschaftliche Verantwortung übernehmen sollte. Diese reagiert auf die Erwartungshaltung, kann aber nur in einem sehr beschränkten Rahmen agieren, solange die Politik nicht klare Rahmenbedingungen vorgibt.

So wie im Falle der Erklärung der 24 CEOs zur globalen Klimapolitik sollte die Wirtschaft allgemein viel deutlicher und öffentlich vernehmbar erklären, dass sie kein Problem damit hat, wenn die Politik starke und verantwortungsvolle Rahmenbedingungen setzt und wirksame Kontrollen für alle Unternehmer installiert. Diese Schritte sind von Seiten der Wirtschaft in den Industrienationen ausdrücklich erwünscht, denn so könnte sie ihre soziale Verantwortung wesentlich stärker und zugleich wesentlich leichter wahrnehmen. Von solchen Regeln hängt ganz entscheidend ab, welches »Gesamtprodukt« entsteht: eine Produktewelt mit vielen schädlichen Nebenwirkungen auf die Umwelt und auf die Würde sehr vieler Menschen oder eine Produktewelt, bei der die »gesellschaftlichen Produkte« Nachhaltigkeit und menschliche Würde gleich mithergestellt werden.

Die entscheidende Frage für die Wirtschaft lautet, ob die Regeln seitens der Politik für alle gelten und damit die Wettbewerbsbedingungen neutral sind. Unter dieser Voraussetzung kann die Erfüllung der rechtlich gesetzten ökosozialen Standards in die Kalkulation der Produkte einfließen, ohne dass ein Unternehmer befürchten müsste, dass ihn dies die Wettbewerbsfähigkeit kostet. Die Wirtschaft bezieht die Regeln, die von der Politik vorgegeben sind, in ihre Produktentwicklung und Produktumsetzung ein. Die Kosten fließen in ihre Kalkulation ein, gleichgültig ob zu diesen fixierten Standards bessere Löhne gehören oder bestimmte Umweltmaßnahmen. Doch hierfür ist ein faires Handelskonzept mit wirksamen Kontrollen seitens der Politik erforderlich.

Gibt es jedoch von der Politik nur unverbindliche Absichtserklärungen (wie beispielsweise bei den Millenniumszielen) oder Rahmenbedingungen, die nur für einen Teil der Wirtschaft gültig sind (die EU-Standards sind nur für Unternehmen im EU-Wirtschaftsraum gültig) oder viele Schlupflöcher bieten, dann haben wir das Ergebnis des heutigen »freien Handels«. »Freier Handel« bedeutet so aber auch »frei« im Sinne der »freien« Verletzung von fundamentalen Standards der Menschenwürde und der »freien« Belastung der Natur.

Der heutige so genannte freie Handel kann und muss durch ein neues faires Handelssystem abgelöst werden, das für alle global agierenden Unternehmen gültig ist.

Die Europäische Union als die größte Handelsmacht der Welt ist unter Berufung auf ihre eigenen Prinzipien sowie auf das WTO-Prinzip der Wettbewerbsneutralität in der historischen Pflicht, ein transparentes Handelssystem einzuführen für alle Produkte, die in der EU gehandelt werden dürfen. Und sie ist in der Lage, dies mit besten Argumenten nötigenfalls auch im WTO-Panel bzw. bei den WTO-Gerichten durchzusetzen.

Das Global Fair Trade-System

Das Global Fair Trade-System basiert auf einem neuen Handelskonzept, das die globalen ökonomischen Prozesse mit Umwelt- und sozialen Standards wettbewerbsneutral verbindet.

Das internationale Handelssystem von heute ist nicht wettbewerbsneutral, aus folgenden Gründen:

- Es verteilt den Wohlstand sehr ungerecht.
- Es gibt seitens der Unternehmer keine Transparenz in Bezug auf ökosoziale Standards.
- Viele Produkte in den Entwicklungsländern entstehen unter Missachtung von Mensch und Natur.

Aufgrund des heutigen freien Handelssystems werden auf dem Weltmarkt die Agrarprodukte und Rohstoffe der Entwicklungsländer zu Niedrigstpreisen gehandelt. Damit können die Bauern ihre Produktions- und Lebenshaltungskosten nicht abdecken. Anschließend bei der Weiterverarbeitung bis zur Herstellung der Endprodukte werden in den Entwicklungs- und Schwellenländern Millionen Arbeiter unter umweltschädigenden und unwürdigen Arbeitsbedingungen sowie zu inakzeptablen Löhnen beschäftigt. Ein großer Teil dieser Produkte landet auf dem EU-Binnenmarkt.

Wie passt dies mit folgender Wertefestlegung zusammen, die in Artikel 2 des EU-Verfassungsentwurfs für die Europäische Union formuliert ist?

»Die Werte, auf die sich die Union gründet, sind die Achtung der Menschenwürde, Freiheit, Demokratie, Gleichheit, Rechtsstaatlichkeit und die Wahrung der Menschenrechte; diese Werte sind allen Mitgliedstaaten in einer Gesellschaft gemeinsam, die sich durch Pluralismus, Toleranz, Gerechtigkeit, Solidarität und Nichtdiskriminierung auszeichnet.«

Aus dieser Festlegung, die immerhin den Charakter einer Charta der Grundwerte und der Rechtsprinzipien für die gesamte Europäische Union haben soll, könnte und sollte man durchaus als eine zentrale juristische Frage ableiten: Müsste man nicht alle Unternehmen in der EU, die Empfänger oder Händler von Produkten sind, die diesen Artikel 2 der EU-Verfassung missachten, juristisch zur Verantwortung ziehen?

Die EU kann, wenn sie dies will, unter Berufung auf diesen Artikel solchen Produkten, die die hier genannten Grundprinzipien nicht erfüllen, einen Riegel vorschieben. Es handelt sich um nichts anderes als die fundamentalen Grundprinzipien und Grundrechte der Europäischen Union. Die EU hat deshalb sogar eine klare rechtliche *Verpflichtung*, auf der Ebene der Produkte, die in der EU hergestellt oder gehandelt werden, auf die Einhaltung dieser Werte zu achten.

Es ist nicht akzeptabel, dass dieselben Unternehmen, die in Europa tätig sind und ihre gesetzlich verordnete ökosoziale Verantwortung wahrnehmen müssen, gleichzeitig mit Teil- und Fertigprodukten von außerhalb Europas agieren, die diese ökosozialen Mindeststandards ignorieren. Diese Doppelmoral der Unternehmen in Europa und den restlichen Industrienationen ist vom heutigen freien Handelssystem erzwungen. Es gibt keine fairen Wettbewerbsregeln, die für alle Handelspartner global gültig sind.

Ein neues Handelssystem ist möglich, das die EU-Grundwerte und Grundrechte berücksichtigt und im Welthandel Transparenz und Wettbewerbsneutralität gewährleistet. Der Schlüssel für das neue Handelssystem ist die konsequente Verknüpfung jedes Produkts, das in der EU gehandelt werden soll, mit den geltenden EU-Grundprinzipien. Da der Preis eines Produkts sich maßgeblich über die sozialen und ökologischen Standards ermittelt, unter denen es hergestellt wird, müssen für einen fairen Wettbewerb der *Produkte* die gleichen ökosozialen Standards Gültigkeit haben. Die Produkte werden international über *Rechnungen* gehandelt. Dadurch ist über die Lieferkette der Produkte nachvollziehbar, ob die Standards auch tatsächlich eingehalten wurden.

Um von dem heutigen (un)freien Handelssystem auf ein faires Handelssystem umzusteigen, bedarf es von Seiten der Politik der EU lediglich folgender Verordnung:

»Sämtliche Produkte, die auf dem EU-Markt gehandelt werden, müssen die fundamentalen ökosozialen Werte der EU erfüllen. Damit dies auch kontrollierbar und nachvollziehbar ist, benötigen die Produkte eine EU-Zulassungsnummer. Die Hersteller müssen zuerst ihre Produkte auf ökosoziale Standards zertifizieren lassen, bevor sie diese Zulassung erhalten. Für die sozialen Standards muss die Zertifizierung nach SA 8000 vorliegen, für die Umweltstandards die Zertifizierung nach ISO 14001.«

Die Wirtschaft hat diese EU-Verordnung mit einer angemessenen Übergangszeit (siehe hierzu das nächste Unterkapitel) zu implementieren.

Diese neue Verordnung der EU über eine Zulassungsnummer für die ökosozialen Standards aller Produkte, die in der EU gehandelt werden sollen, ist nach unserer Überzeugung WTO-konform. Die EU kann sich dabei auf das Prinzip der Wettbewerbsneutralität berufen. Sie kann gegenüber dem WTO-Panel und nötigenfalls auch gegenüber den WTO-

Gerichten die klare Position vertreten, dass Wettbewerbsneutralität unter dem Vorzeichen einer offenen Weltwirtschaft einzig und allein durch gleiche Regeln und ökosoziale Standards für alle in der EU gehandelten Produkte sicherzustellen sei. Die EU will dabei bewusst keine eigenen Standards durchsetzen, sondern lediglich jene anerkannten internationalen Standards, die in den ebenfalls international anerkannten Managementsystemen SA 8000 und ISO 14001 Niederschlag gefunden haben.

Wie bereits betont, hätte die Wirtschaft kein Problem, eine solche EU-Verordnung zu akzeptieren, solange diese Verordnung für alle Mitbewerber gültig ist. Für die Unternehmer wäre dies dann eine rein kalkulatorische Aufgabe. Sie könnte die erforderlichen sozialen und ökologischen Kosten wettbewerbsneutral und damit ökonomisch völlig unproblematisch einpreisen.

Die Umsetzung grundlegender sozialer und ökologischer Standards würde für die Unternehmen nicht nur keine Belastung darstellen, weil sie die Kosten wettbewerbsneutral an den Kunden weitergeben können. Sie würde auch das Ansehen der Unternehmen und der Wirtschaft insgesamt in der Öffentlichkeit wieder erheblich verbessern. Ein solches Vorgehen würde ebenso die Wertigkeit der Produkte anheben, sodass die Unternehmen bessere Preise wegen der höheren Akzeptanz bei den Konsumenten erzielen könnten. Und für jene Unternehmen, die schneller und innovativer als andere dazu beitragen, soziale und ökologische Probleme wo auch immer auf der Welt zu beheben, gibt es noch einen weiteren Bonus: Sie entwickeln Lösungen, durch die sie die Märkte in den Ländern außerhalb der EU vor Ort besser als andere Konkurrenten erschließen können.

Die Verordnung der EU soll natürlich auch wirksame Sanktionen vorsehen für Unternehmer, die diese Verordnung missachten. Diese Sanktionen sollen sich allerdings nicht auf Geldstrafen beschränken. Potentiell drohende Geldstrafen werden von der Wirtschaft als ein spekulativer kalkulatorischer Faktor behandelt, also gleich bei der Kalkulation berücksichtigt. Sie treffen ein Unternehmen, das von vornherein mit solchen »unerwarteten Kosten« rechnet, nicht wirklich.

Wir brauchen daher einen anderen Sanktionsmechanismus. Als wirksames Instrument, um Unternehmen zu zwingen, Fehlleistungen mit allen Mitteln von vornherein zu vermeiden, erwies sich die Verpflichtung zu Rückrufaktionen. Dieses Mittel wird eingesetzt, wenn Produkte gegen Standards verstoßen, die zur Sicherstellung der Gesundheit oder anderer

Gefahrenvermeidung wichtig sind. Manche Unternehmen nehmen ihre technischen Qualitätsstandards so wichtig, dass sie sogar freiwillige Rückrufaktionen durchführten, wenn sie ihren Ruf gefährdet sahen.

Warum sollte ein Unternehmen, das Produkte aus Sklavenarbeit anbietet, nicht gezwungen werden, diese aus den Regalen und Verkaufskanälen zu nehmen? Nehmen wir die technische Qualität von Produkten wirklich wichtiger als deren humane Qualität? Eine Rückrufaktion aus Gründen des Verstoßes gegen humanitäre Grundprinzipien würde dem Ansehen und damit auch dem wirtschaftlichen Wohl eines Unternehmens so sehr schaden, dass es ein solches Risiko mit allen Mitteln zu vermeiden suchen müsste.

Als letzte Sanktionsmaßnahme bei wiederholtem Verstoß sollte die Zulassungsnummer des betroffenen Unternehmens in der zentralen Datei der EU-Zulassungsstelle gelöscht werden. In diesem Fall ist das Unternehmen mit seinen Produkten aus dem EU-Markt ausgeschlossen, weil bei jeder Handelsrechnung diese Nummer angegeben werden muss.

Das Global Fair Trade-System bedeutet im Kern eine Erweiterung unserer Definition von Qualität. Bisher hatten wir ein sehr technisch orientiertes Verständnis von Qualität. Nunmehr gilt es, dieses um die Dimensionen der Ökologie und der Humanität zu erweitern. Dementsprechend sollte die Gesellschaft von ihren Unternehmen die flächendeckende Durchsetzung jener Zertifizierungen erwarten, die die Schlüsselstandards in den Bereichen Umwelt und Arbeit definieren, also jene von ISO 14 001 und SA 8000. Heute akzeptieren die Unternehmen in Europa nur noch Lieferanten, die die *technischen* Qualitätsstandards von ISO 9001 erfüllen. Bis zum Jahr 2000 haben sich 167 000 Unternehmen nach dem Qualitätsstandard von ISO 9001 zertifizieren lassen, bis heute sind es bereits über eine Million. Mit dem Global Fair Trade-System sollten sie nun mit derselben Selbstverständlichkeit auch die *ökologischen* und *sozialen* Qualitätsstandards von allen ihren Lieferanten weltweit einfordern.

Europa ist nicht mehr weit entfernt von einer flächendeckenden Durchsetzung der grundlegenden Umweltstandards. Zur Wettbewerbsneutralität ist jedoch die 100-prozentige Umsetzung erforderlich. Da die Zertifizierung nach ISO 14 001 deutlich aufwändiger ist als die Zertifizierung der humanen Arbeitsstandards nach SA 8000, gibt es keinen Grund, warum nicht auch diese flächendeckend umgesetzt werden könnte und sollte. Die systemischen Zusammenhänge und Wettbewerbsgründe wurden ausführlich diskutiert. Europa sollte sich zur konsequenten Neudefinition seines Qualitätsbegriffs entschließen.

Einführung des Global Fair Trade-Systems

Auf der Grundlage der vorgeschlagenen EU-Verordnung ist es möglich, Transparenz und Wettbewerbsneutralität im Handel mit der EU zu erreichen. Die Verordnung muss durch entsprechende Ausführungsbestimmungen weiter konkretisiert werden.

Zum Inhalt der EU-Verordnung

Sämtliche Produkte, die auf dem EU-Markt gehandelt werden, müssen mit einer Global Fair Trade-Zulassungsnummer ausgezeichnet sein. Diese Zulassungsnummer ist auf jedem Produkt aufzubringen.

Hierfür wird ein EU-weites *Labelsystem* etabliert. Das Global Fair Trade-Label wird in zwei Stufen eingeführt. Bis spätestens zum 1. 1. 2010 muss jedes Produkt, das in der EU gehandelt werden soll, das Global Fair Trade-*Silber-Label* tragen, das für die Einhaltung der geforderten Sozialstandards steht. Spätestens ab 1. 1. 2015 braucht jedes Produkt das Global Fair Trade-*Gold-Label*, das neben der Einhaltung der Sozialstandards für die dann geforderte *zusätzliche* Einhaltung der geforderten Umweltstandards steht.

Die Zuordnung der Produkte nach Kategorien basiert auf dem bestehenden Zollsystem. Das bedeutet, die bestehenden HS-Codes (Harmonized System) können übernommen werden. Sie werden ergänzt mit der bereits weltweit eingeführten Länderkennzeichnung (wie »CH« für Schweiz) und einer neunstelligen Nummer für das Unternehmen (Land – Unternehmen – HS-Code). Ein Muster für die Silber- und Gold-Labels sowie für die Global Fair Trade-Zertifikate der EU in Silber und Gold sind im Anhang zu diesem Buch zu finden. Sie sollen zeigen, wie diese aussehen könnten und welche Elemente sie enthalten sollten.

In einer EU-Global-Fair-Trade-Datenbank werden entsprechend dem Global Fair Trade Zertifizierungssystem sämtliche Unternehmen erfasst, die die Bestimmungen zur EU-Verordnung erfüllen. Diese zentralen Daten sollten auf einer Homepage (die den Namen www.globalfairtrade.eu

tragen könnte) für alle transparent zugänglich sein, sodass jeder die Zulassung aller involvierten Unternehmen nachprüfen kann.

Die Einführung dieses Systems sieht eine angemessene Übergangszeit nach Erlass der EU-Verordnung vor.

Zur Zulassung eines Produkts

Damit ein Produkt eine Global Fair Trade-Zulassungsnummer erhält, hat der für das Produkt haftende Hersteller folgende Zertifikate vorzuweisen:

1) Als Nachweis für die ab 1. 1. 2010 geforderte Einhaltung der sozialen Mindeststandards auf der gesamten Wertschöpfungskette des Produkts wird das Zertifikat SA 8000 (Social Accountability International) international anerkannt (Inhalt siehe Anhang).
2) Als Nachweis für die spätestens ab 1. 1. 2015 zusätzlich geforderte Einhaltung der ökologischen Mindeststandards wird das Zertifikat ISO 14 001 (International Standard Organisation) international anerkannt (Inhalt siehe Anhang). Natürlich kann sich ein Unternehmen auch früher zertifizieren lassen.

Die Zulassung eines Produkts sieht in der Praxis folgende Schritte vor:

Jeder Hersteller, der für seine Produkte im Besitz eines SA 8000-Zertifikats ist, beantragt bei der Global Fair Trade-Zulassungsstelle bei der EU die Registrierung dieser Produkte. Diese werden nach Produktkategorien erfasst und zugelassen und erhalten entsprechend dem bereits erläuterten Zertifizierungssystem (Land – Unternehmen – HS-Code) eine Global Fair Trade-Zulassung mit einer Zulassungsnummer. Diese Zulassungsnummer hat der Hersteller durch das von der EU dafür vorgesehene Label auf dem Produkt aufzubringen. Ein Muster für einen solchen Zulassungsantrag ist ebenfalls im Anhang zu diesem Buch zu finden.

Um einer Missbrauchs- und Fälschungsgefahr bei diesen Zulassungsanträgen vorzubeugen, soll die EU-Vergabestelle den Antrag auf Korrektheit überprüfen. Die Zertifizierungsunternehmen, die die Zertifizierung nach SA 8000 beziehungsweise nach ISO 14 001 vorgenommen haben, sind zu informieren. Gegebenenfalls kann die EU-Zulassungsstelle auch konkurrierende Zertifizierungsunternehmen beauftragen, zu überprüfen, ob die Zertifizierung zu Recht besteht.

Sämtliche Rechnungen von den Herstellern über den Großhandel bis zum Einzelhandel müssen zusätzlich zu den Artikelnummern (intern zwischen Lieferant und Hersteller) auch die Global Fair Trade-Zulassungsnummer angeben. Die Angabe der Zulassungsnummer bei jeder Rechnung ist unabdingbar, weil nur über die Rechnung die Rückverfolgbarkeit des Produkts gewährleistet ist. Durch eine Warenflussberechnung ist es dadurch für Experten rückwirkend möglich zu kontrollieren, ob die angegebenen Mengen der Produktelemente für die Gesamtherstellung des Produkts realistisch sind. Der Einzelhandel hat darauf zu achten, dass spätestens ab dem 1. 1. 2010 sämtliche EU-Produkte mit diesem EU-einheitlichen Global Fair Trade-Label ausgezeichnet sind. Erfüllt der für das Produkt haftende Hersteller nur das Zertifikat SA 8000, so erhält das Produkt eine Zulassung mit einem EU-Label Global Fair Trade in Silber. Wenn ein Hersteller für sein Produkt auch die Standards von ISO 14 001 erfüllt, dann erhält das Produkt das EU Global Fair Trade-Label in Gold. Das Unternehmen, das diese Produkte herstellt, erhält jeweils produktbezogen ein Global Fair Trade-Zertifikat in Silber oder Gold.

Weitere Standards wie jene von REACH, ROHS oder WEEE sind zwar sehr zu begrüßen, aber der Prozess zur Durchsetzung des Global Fair Trade-Systems sollte bewusst nicht überlastet werden. SA 8000 und ISO 14 001 sollten als die Kernstandards angesehen werden. Mit deren Durchsetzung wird generell das Bewusstsein für die Sinnhaftigkeit und Notwendigkeit von Standards steigen. Auch die Entwicklung eigener Standards und Managementsysteme für das Global Fair Trade-System ist wenig sinnvoll, denn dadurch würden viele weitere Jahre verloren gehen und am Ende wäre nicht sichergestellt, ob die dann vereinbarten Standards besser sind als jene von SA 8000 und ISO 14 001.

Die Klassifizierung in zwei Stufen ist aus folgendem Grund notwendig: Die Erfüllung der sozialen Standards ist mit weniger Aufwand und Vorlaufzeit möglich. Die Einhaltung des sozialen Schlüsselstandards, die Bezahlung von Mindestlöhnen beziehungsweise Mindestpreisen, kann unmittelbar erfolgen ohne vorherige Investitionen. Die Erfüllung der Umweltstandards ist hingegen mit technischen Umsetzungen und mit Investitionen verbunden. Daher bedarf es hier einer längeren Vorlaufzeit, bis die Standards von ISO 14 001 von allen Unternehmen, die an der Herstellung eines Produkts beteiligt sind, erfüllt werden können. Internationale wie auch nationale Finanzierungsprogramme sollten den Unternehmen in armen Ländern bei der Finanzierung entsprechender Umweltmaßnahmen angemessen helfen.

Selbstverständlich kann die Zulassung für beide Stufen, Silber und Gold, sofort ab Inkrafttreten der vorgeschlagenen EU-Verordnung beantragt werden, und das entsprechende Label in Silber oder Gold kann unmittelbar nach Erfüllung der entsprechenden Voraussetzungen vergeben werden. Dadurch erhält der Konsument eine wertvolle Information darüber, wie engagiert die Hersteller der verschiedenen Produkte sind. Der Konsument kann auf diese Weise über sein Kaufverhalten beeinflussen, wie schnell auch die Ökostandards durch die Unternehmen erfüllt werden.

Die sozialen Standards von SA 8000 und die Umweltstandards von ISO 14 001 erfordern kein besonders komplexes Prüfsystem. Die Relation zwischen Aufwand und gesellschaftlicher Wirkung ist ausgesprochen gut, was man für andere EU-Verordnungen nicht sagen kann. So erfordert eine einzige der jüngeren EU-Verordnungen, dass die betroffenen Produkte auf nicht weniger als 30 000 Chemikalien überprüft werden.

Außerdem existiert bereits eine EU-Verordnung, die von den europäischen Unternehmen eine Zertifizierung nach ISO 14 001 verlangt. Bisher haben immerhin etwa 140 000 Unternehmen diese Bedingung der so genannten EMAS-Verordnung der EU erfüllt. Es geht somit für die Umweltstandards lediglich um die konsequente Ausweitung dieser Verordnung auf alle Unternehmen auch außerhalb der EU, die nach Europa exportieren möchten. Im Beirat von Social Accountability International (SAI), das SA 8000 entwickelt hat, sitzen neben anerkannten NGO-Vertretern auch Repräsentanten führender Unternehmen. Durch die NGO-Aktivisten ist einerseits die soziale Tauglichkeit der gesetzten sozialen Standards sichergestellt und andererseits die Möglichkeit, sie wirtschaftsverträglich durchzusetzen, sonst hätten ihr nicht führende Unternehmerpersönlichkeiten ausdrücklich zugestimmt.

Da es sich bei SA 8000 und ISO 14 001 um dynamische Managementsysteme handelt, ist ferner folgendes gewährleistet: Sie werden kontinuierlich kontrolliert (jährliche Kontrollen und alle drei Jahre Neuzertifizierung) und sie werden fortlaufend weiterentwickelt entsprechend der Erkenntnisse um neue notwendige soziale und Umweltstandards.

Zusammenfassende Prozessbeschreibung
des Global Fair Trade-Systems

Das Konzept des Global Fair Trade-Systems bezieht sich auf die Global Fair Trade EU-Verordnung und ist in zwei Stufen aufgeteilt. Stufenweise sollen die Unternehmen ihre Kompetenz zuerst in der Erfüllung von sozialen Anforderungen nach SA 8000 und dann im Nachweis der Einhaltung von Umweltvorgaben nach ISO 14 001 unter Beweis stellen.

Stufe 1: Zertifizierung nach SA 8000 (Silber Label)
Erfüllung sozialer Standards spätestens ab 1. 1. 2010

Auditierung nach SA 8000. Durch eine private, anerkannte Auditgesellschaft. Diese Firmen verfügen über weltweite Vertretungen und sind lokal von den zuständigen Behörden oder im Falle von SA 8000 von SAI akkreditiert. Derzeit sind beispielsweise 16 Organisationen von der SAI zugelassen, SA 8000 Audits durchzuführen.
Nach erfolgreicher Auditierung wird dem Produktionsbetrieb das standortbezogene Zertifikat erteilt. Dieses nennt die überprüften Bereiche und die betroffenen Tätigkeiten der Firma. Die Zertifikate sind 3 Jahre gültig, sofern die Resultate der regelmäßigen Überwachungsaudits zufriedenstellend sind. Für SA 8000 sind jährliche Überwachungen erforderlich. Nach 3 Jahren muss eine Re-Zertifizierung durchgeführt werden.
Einreichung des Zulassungsantrages bei der EU-Vergabestelle. Das Unternehmen reicht sein gültiges SA 8000-Zertifikat ein und beantragt eine Global Fair Trade-Registrierung. Zum Antrag (siehe Muster im Anhang) gehören Kennzahlen des Unternehmens und Angaben über die produzierten Güter. Zudem muss die Herkunft der wichtigsten Komponenten deklariert werden.
Die Vergabestelle führt eine *Prüfung* der Dokumente durch. Sind die Unterlagen vollständig und korrekt, wird das Unternehmen in der Datenbank registriert. Gleichzeitig erhält die Firma für die angemeldeten Produkte ein *Global Fair Trade-Zertifikat* und das *Global Fair Trade-Label in SILBER* zugeteilt. Der Eintrag in die zentrale *Datenbank* gibt berechtigten Nutzern die Möglichkeit die Angaben abzurufen.

Stufe 2: Zertifizierung nach SA 8000 plus ISO 14 001 (Gold Label)
Erfüllung sozialer und ökologischer Standards spätestens ab 1. 1. 2015
Auditierung durch eine private, anerkannte Auditgesellschaft. Zusätzlich zu SA 8000 werden die Standards nach ISO 14 001 auditiert. Für die Audits nach ISO 14 001 sind weltweit etwa 20 Gesellschaften aktiv. Der Zeitaufwand für die Audits richtet sich nach der Betriebsgröße (Anzahl Mitarbeiter) und der Komplexität der Tätigkeiten.
Nach erfolgreicher Auditierung wird dem Produktionsbetrieb das ISO-Zertifikat 14 001 erteilt. Das Zertifikat ist 3 Jahre gültig, sofern die Resultate der regelmässigen Überwachungsaudits zufriedenstellend sind. Für ISO 14 001 sind jährliche Überwachungen erforderlich. Nach 3 Jahren muss eine Re-Zertifizierung durchgeführt werden.
Einreichung des Zulassungsantrages bei der Vergabestelle für die erweiterte Anerkennung. Das Unternehmen reicht seine gültigen SA 8000/ISO 14 001 Zertifikate ein und beantragt eine Global Fair Trade-Nummer mit dem Label »GOLD«. Zum Antrag gehören Kennzahlen des Unternehmens und Angaben über die produzierten Güter.
Die Vergabestelle führt eine *Prüfung* der Dokumente durch. Sind die Unterlagen vollständig und korrekt, werden die angemeldeten Produkte des Unternehmens registriert. Gleichzeitig erhält die Firma ein *Global Fair Trade-Zertifikat* und das *Global Fair Trade-Label* in GOLD. Der Eintrag in die zentrale *Datenbank* gibt berechtigten Nutzern die Möglichkeit, die Angaben abzurufen.

Vom EU-Start des Global Fair Trade-Systems zu weltweiter Wirkung für eine funktionierende ökosoziale Marktwirtschaft

Die vorgeschlagenen Global Fair Trade-Labels sorgen für Transparenz im Welthandel und sind wettbewerbsneutral. Mit der flächendeckenden Umsetzung der geforderten Standards für alle Produkte, die in der EU gehandelt werden, gleichgültig wo deren Einzelelemente hergestellt oder bearbeitet wurden, ist ein großer Schritt in Richtung globale ökosoziale Marktwirtschaft getan. Zugleich gewinnt die Wirtschaft immens an Vertrauen; auch das Vertrauen in die Handlungsfähigkeit der Politik wird sich erheblich verbessern.

Es macht Sinn, das Global Fair Trade-System zunächst durch die EU umzusetzen, weil hier die Wahrscheinlichkeit einer zügigen Umsetzung wesentlich größer ist als über die WTO. Dennoch soll dies nur ein erster Schritt sein. Letztlich soll das Global Fair Trade-System, wie der Name schon sagt, global zur Anwendung kommen. Die dafür zuständige Organisation wäre die WTO.

Nach der Logik des hier vorgeschlagenen Global Fair Trade-Systems greift aber bereits die erste Stufe der Umsetzung über eine EU-Verordnung für alle Produkte, die in der EU gehandelt werden, sehr tief in den globalen Handel und in die globalen Produktionsketten ein. Erfasst werden alle Unternehmen, die unmittelbar sowie über alle Produktions- und Zulieferstationen mittelbar in den EU-Markt liefern möchten. Über einen weiteren Effekt wird aber ein noch größerer Wirkradius gezogen: Es rechnet sich für die betroffenen Unternehmen in aller Regel nicht, wenn sie die Herstellung ihrer Produkte nach zwei verschiedenen Standards organisieren: einmal nach den geforderten Standards der vorgeschlagenen EU-Verordnung für fairen Handel und einmal ohne diese Standards. Eine solche Zweigleisigkeit verursacht für die Produktionsfirmen mehr Zusatzkosten als Nutzen. Somit wird durch die Global Fair Trade-Verordnung der EU ebenfalls der Großteil jener Produktion erfasst, die nicht für die EU vorgesehen ist.

Nicht zuletzt aufgrund dieser Effekte spricht viel dafür, dass andere Länder oder auch andere Regionen wie beispielsweise die nordamerikanische Freihandelszone sich dem EU-Beispiel anschließen werden. Auch ist die Wahrscheinlichkeit sehr groß, dass die WTO das Global Fair Trade-System der EU mit nicht allzu langem Zeitverzug aufgreifen und weltweit implementieren wird. Äußerungen wie diese des WTO-Chefs Pascal Lamy machen deutlich, wie sehr sich derzeit das Blatt wendet hin zur Erkenntnis der Notwendigkeit eines funktionierenden Global Fair Trade-Systems: »Nachhaltigkeit ist ein entscheidendes Ziel der WTO: Wenn wir auch auf Marktliberalisierung setzen, so braucht die den Markt lenkende ›unsichtbare Hand‹ doch manchmal jemanden, der sie ›bei der Hand nimmt‹. Wichtig für das richtige Funktionieren von Märkten ist vor allem die volle Inkorporierung aller externen Kosten und Effekte in den Markt. Dafür ist die WTO ebenfalls verantwortlich.«

Zum Abschluss sei die Aufmerksamkeit noch einmal auf die gewaltigen Nutzeffekte des hier vorgeschlagenen Global Fair Trade-Systems gelenkt.

Das Global Fair Trade-System trägt vor allem dazu bei, das Problem einer noch immer milliardenfachen bitteren Armut so breitflächig, schnell und effizient anzugehen wie kein anderer bisheriger Vorschlag zur weltweiten Armutsüberwindung. Praktisch das gesamte Geld, das durch die Einhaltung von Mindestlöhnen und Mindestpreisen bei den Ärmsten der Welt ankommt, fließt unmittelbar in die Wirtschaftskreisläufe zurück, sodass die globalisierte Wirtschaft keinerlei Nachteil davon haben wird. Ganz im Gegenteil: Auf diesem Wege wird nicht weniger als etwa der Hälfte der Menschheit erst der Weg bereitet zum Einstieg in die Weltwirtschaft und zur aktiven Entwicklung ihrer Potentiale in diesem Rahmen. Nichts Geringeres als ein humanes Weltwirtschaftswunder wird auf diesem Wege in Gang gesetzt, ein weltweites Wirtschaftswunder, das im doppelten Sinne human ist: Es rottet die schlimmsten Formen an Inhumanität in der Weltwirtschaft an der Wurzel aus und es lebt von der Aktivierung des Humanpotentials des Großteils der Menschheit, das bisher weitestgehend brach lag.

Das Global Fair Trade-System bietet auch der weltweiten Umweltbewegung ein völlig neues Handlungsinstrument von globaler Dimension an. Sie kann an sehr vielen heutigen Umwelt-Brennpunkten rund um den Erdball ihre Lösungskonzepte anbieten, damit die durch das Managementsystem ISO 14 001 vorgegebenen Ziele möglichst intelligent und im umfassenden Sinne nachhaltig umgesetzt werden. Wie viel Spielraum hier in Richtung Ökoeffizienz möglich ist, zeigten unter anderem Ernst Ulrich von Weizsäcker und Amory Lovins mit *Faktor Vier* sowie die Aachener Stiftung Kathy Beys mit ihrem Report *Ressourcenproduktivität als Chance*. Technologisch ist es kein Problem, die Wirtschaftskraft weltweit zu Verfünffachen und dennoch gleichzeitig die Umweltbelastung zu halbieren. Ein Global Fair Trade-System kann erheblich dazu beitragen, diese technischen Möglichkeiten politisch und ökonomisch umzusetzen.

Das Global Fair Trade-System ist vor allem aber auch ein sehr machtvolles Instrument, um den so überfälligen Nord-Süd-Ausgleich in geordnete Bahnen zu lenken. Der Übergang zu einer besser balancierten Entwicklung weltweit kann auf diese Weise sowohl friedlich als auch dynamisch erfolgen, mit Berücksichtigung der grundlegenden Interessen der armen als auch der reichen Länder und sowohl ökologisch und sozial förderlich als auch ökonomisch klug.

Das Global Fair Trade-System wird auch den immer weniger durchschaubaren Wildwuchs an Öko- und Soziallabels erheblich lichten. Viele

Labels werden dadurch überflüssig. Der Nebeneffekt wird sein, dass die Kosten für jene Unternehmen, die sich derzeit bereits für verschiedene Standards zertifizieren lassen, unter dem Strich nicht größer, eher sogar geringer werden. Gleichzeitig verschwindet die Wettbewerbsverzerrung zwischen bisher zertifikatsfreudigen Unternehmen und Zertifikatsmuffel. Mit dem Global Fair Trade-System sind alle in analoger Weise betroffen.

Das Global Fair Trade-System setzt über die bereits im Buch angesprochenen Effekte weitere sinnvolle Mechanismen in Gang. Hier nur zwei Beispiele:

Da die Sozialstandards von SA 8000 dann nicht nur in allen Zulieferfirmen außerhalb Europas gelten, sondern auch innerhalb der EU, hat ein Unternehmen wie McPflege keine Geschäftsgrundlage mehr. Dieses Unternehmen wollte osteuropäische Pfleger nach Deutschland für einen 24-Stunden-Rundum-Pflegedienst vermitteln. Die Auftraggeber sollten dafür nur einen Satz von 2 Euro pro Stunde bezahlen. Ein solches fast schon sklavenhalterisches Geschäftskonzept mitten in Europa verstößt gleich gegen mehrere Standards von SA 8000. McPflege wurde zwar aufgrund des öffentlichen Drucks gestoppt, und dennoch gibt es innerhalb der EU starke Tendenzen in Richtung Öko- und Sozialdumping. Diese würden durch ein Global Fair Trade-System beseitigt.

Ein immer größer werdendes Problem der Weltwirtschaft bilden Raubkopien. Das Global Fair Trade-System trägt zumindest dazu bei, dass Raubkopien erheblich erschwert werden. Da alle Produkte, die in die EU gelangen, über das System der Zertifizierungsnummern über alle Produktionsstufen, Zulieferer und Zwischenhändler einem Kontrollsystem unterliegen und deren Herkunft und Beteiligte jederzeit transparent nachvollziehbar sind, werden es Raubkopierer künftig viel schwerer haben, ihre Produkte in den Welthandel einzuschleusen.

Vorteile des Global Fair Trade-Labels
im Vergleich zu bestehenden Öko- und Soziallabels
- Global Fair Trade-Label ist kein zusätzliches Label, sondern ersetzt sehr viele bisherige Öko- und Soziallabels.
- Global Fair Trade-Label sorgt für Transparenz über die gesamte Wertschöpfungskette.

- Konsumenten können über Label und Blick auf die Global Fair Trade-Homepage leicht den Hersteller identifizieren.
- Hersteller können über Global Fair Trade-Label flächendeckend positiv kommunizieren: keine Kinderarbeit, Einhaltung aller grundlegenden sozialen und ökologischen Standards.
- Moderne Firmen suchen Kontakt zu ihren Konsumenten, dies wird über dieses Label motiviert.
- Durch die Global Fair Trade Nummer wird Produktpiraterie deutlich erschwert.

Kapitel 8

Der Beitrag des Global Fair Trade-Systems zur Verwirklichung der Millenniums-Ziele

Im September 2000 verabschiedeten die Staats- und Regierungschefs von 189 Nationen, darunter alle EU-Staaten, die bekannte Millennium-Erklärung. Sie beinhaltet acht internationale Entwicklungsziele, die bis zum Jahr 2015 erreicht werden sollen. Welchen Beitrag kann das Konzept eines Global Fair Trade-Zertifikats zur Einhaltung von sozialen und ökologischen Standards zu diesen Zielen leisten?

Es gibt darunter Ziele, die unmittelbar mit dem Welthandel verbunden sind. Der beste Weg zu deren Erreichung ist die Umsetzung des Prinzips der Hilfe zur Selbsthilfe. Und der beste Weg, dieses Prinzip effektiv und dauerhaft umzusetzen, ist ein transparenter Welthandel. Die Akteure bei diesem Lösungsweg sind nicht die Staaten, sondern die Unternehmer. Andere Ziele der Millennium-Erklärung können hingegen nur auf bilateraler beziehungsweise multilateraler Ebene zwischen den Ländern erreicht werden.

Was heißt das konkret? Gehen wir einige der Ziele durch und beginnen mit dem ersten, der Beseitigung extremer Armut. Die Millennium-Ziele nehmen sich vor, bis 2015 die Zahl der absolut Armen, also die Zahl jener Menschen, die von weniger als einem Euro pro Tag leben, zu halbieren.

Mit dem Verteilen von noch etwas mehr Geld ist das Problem jedenfalls nicht zu lösen. Über Diskussionen und jahrelange Verhandlungsrunden der Mitgliedstaaten bei der WTO erst recht nicht. Es reicht, wenn die USA ihr Veto einlegen, und schon ist die mühevoll vorangetriebene Einigung zunichte. Viel Zeit verstreicht, ohne dass sich an der Praxis unfairen Wettbewerbs Nennenswertes ändert.

Statt dessen sollte die EU dafür Sorge tragen, dass die Unternehmer flächendeckend und vor allem wettbewerbsneutral zu fairem Handel bewegt werden. Die EU sollte Regeln setzen, die für alle Produkte aller international agierenden Unternehmen gelten, die sie in der EU vertreiben möchten, und sie muss die Einhaltung dieser Regeln überwachen.

Die Wirtschaftssysteme sind anders als Regierungskonstellationen auf Dauer gestellt. Die Wirtschaft bezieht jene Regeln in ihre Produktentwicklung und -umsetzung ein, die von der Politik vorgegeben werden. Die daraus sich ergebenden Kosten fließen in ihre Kalkulationen ein, gleichgültig, ob es sich dabei für die Umwelt oder die Menschen um sinnhafte oder um kontraproduktive Regeln handelt, und gleichgültig, ob die Umsetzung dieser Regeln etwas mehr oder etwas weniger kostet. Die einzige für die Wirtschaft zunächst entscheidende Frage ist, ob die Regeln für alle gelten und ob mit den Regeln der Markt wettbewerbsneutral bleibt. Gibt es klare Kontrollen seitens der Politik, dann funktionieren die Regeln. Gibt es Regeln plus Kontrollen, die dem Ziel eines fairen Handels dienlich sind, wird es fairen Handel geben. Gibt es nur unverbindliche Absichtserklärungen und keine funktionierenden Kontrollen, dann ist das Ergebnis der heutige freie Handel – frei allerdings nur im Sinne der freien Verletzung und Belastung von Mensch und Umwelt. Der so genannte freie Handel, der ehrlicherweise unfreier Handel genannt werden müsste, ist das Problem. Oder anders ausgedrückt: Nicht die Wirtschaft ist das Problem, die mit sehr unterschiedlichen Rahmensetzungen erfolgreich kalkulieren kann, sondern die Politik, die es versäumt, hinlänglich humane und nachhaltige Regeln zu setzen und für deren Einhaltung zu sorgen.

Wie wäre das erste Millenniumsziel, die Halbierung der Zahl der Armen, mit einem Global Fair Trade-Zertifikat konkret zu erreichen?

Mit dem Erwerb des Global Fair Trade-Zertifikats verpflichtet sich jedes Unternehmen, das in und mit der EU wirtschaftlich zusammenarbeiten möchte, zur Einhaltung bestimmter sozialer Standards bei allen ihren Produkten. Bei allen Produkten, bei denen beispielsweise landwirtschaftliche Elemente ganz oder teilweise enthalten sind, muss dieses Unternehmen den dabei involvierten Bauern in jedem Land der Welt angemessene Preise bezahlen. Durch die heutigen weltweiten Verflechtungen sind die

Auswirkungen einer solchen Regelung immens. Die Mindestpreise werden von der WTO und der EU so festgelegt, dass die Menschen in ihrer angestammten Region würdig leben können. Jeder Bauer auf der ganzen Welt weiß dann, was er in seinem Land für seine Leistung erhalten wird, wenn das Produkt in die EU verkauft wird. Dies ist direkte Hilfe.

Wenn ein Bauer in Indien für ein Kilo Baumwolle nicht mehr als ein paar Euro-Cent erhalten würde, sondern beispielsweise das Doppelte dessen, was er heute erhält, so wäre seine wirtschaftliche Situation über Nacht drastisch verbessert, er könnte der Armutsfalle entkommen. Für den Konsumenten im reichen Industrieland wäre diese Preissteigerung fast nicht wahrnehmbar, da der Rohstoffpreis im Entwicklungsland nur einen sehr kleinen Teil des Ladenpreises in Europa ausmacht. Und wenn der Verbraucher in Europa wüsste, mit wie wenig Aufpreis er wie viel bewirken könnte bei diesem Weg der direkten Hilfe durch fairen Handel, würde sich wohl kein Konsument dagegen sträuben.

Mit Mindestlöhnen wäre vielen Millionen Industriearbeitern und mit Mindestpreisen für Agrarprodukte wäre vielen Millionen von Bauern weltweit dauerhaft geholfen. Das Geld käme immer direkt und zuverlässig bei den betroffenen Menschen an. Eine schnellere, kostengünstigere und effizientere Hilfe ist nicht denkbar.

Was ist mit der Umwelt?

Mit der Zertifizierung sind auch Umweltauflagen wie beispielsweise das Verbot des Einsatzes von Pestiziden oder der Betrieb von Kläranlagen verknüpft. Dadurch wäre entscheidend zu einem effektiven und permanenten Naturschutz vom entferntesten Produzenten über alle Zwischenverarbeitungsstufen bis in den Laden in Europa durchgehend beigetragen. Der Bauer in Bolivien, der – wie indirekt auch immer – in die EU exportiert, muss sich an die mit der Zertifizierung verbundenen Umweltauflagen halten ebenso wie jener in Indien oder China, und zwar gleichgültig, wie umweltbewusst die jeweilige Regierung in diesen Ländern agiert. Eine schnellere, kostengünstigere und effektivere grenzüberschreitende Umweltpolitik ist kaum vorstellbar.

Was wäre das monetäre Resultat für die Bauern und Arbeiter in den Entwicklungsländern?

In der Praxis würden in den nächsten Jahren ein bis zwei Milliarden Bauern und Arbeiter bis zu etwa 100 Euro pro Monat mehr verdienen. Das wäre eine Erhöhung der Kaufkraft von rund 200 Milliarden Euro pro Monat in den Armutsregionen der Welt. Dieser Kaufkraftzuwachs kommt aber keineswegs nur diesen Menschen zugute, sondern in hohem Maße der gesamten Weltwirtschaft. Er würde einen gigantischen Nachfrage – und damit Wachstumsschub für die Weltökonomie – auslösen. Nach allen Erfahrungen aus der aufholenden Entwicklung weniger entwickelter Länder mit weltökonomischen Effekten würden auch die Exporte aus der EU stark ansteigen. Die Armutsüberwindung würde zu einem neuen Motor der Weltwirtschaft, weil durch sie große Teile der Menschheit, die bisher nicht in die Weltwirtschaft integriert waren, in diese aktiv einbezogen würden. Das Beispiel der jüngeren Entwicklungen in Indien und China und deren steigende Nachfrage nach Produkten aus Europa zeigen die Entwicklungsrichtung auf. Der Effekt eines solchen Global Fair Trade-Systems würde, wenn es rechtzeitig eingeführt würde, vermutlich ganz allein schon das Ziel der Halbierung der Zahl der Armen weltweit erreichen.

Gibt es weitere Effekte, die mit der effektiven Reduktion der Armut erzielt werden?

Armutsemigration würde erheblich reduziert – und damit die immensen Kosten, die dieses globale Problem verursacht. Armutsbedingte Umweltzerstörung würde deutlich vermindert – und damit die immensen Kosten, die damit verbunden sind. Klaus Töpfer sah bereits in seiner Zeit als Leiter des UN-Umweltprogramm in der weltweiten Armut das inzwischen gefährlichste Umweltproblem, weil zwei bis drei Milliarden Arme, die täglich mit dem Überleben kämpfen, nicht in der Lage sind, dabei auch noch auf die Umwelt zu achten.

Ähnliches gilt für zahlreiche andere Weltprobleme. Experten sehen als Hauptursache für fast alle großen Weltprobleme von der Abholzung großer Wälder über moderne Völkerwanderungen bis zu zahlreichen kriegerischen Auseinandersetzungen und auch dem neuen weltweiten Terrorismus immer die eine zentrale Ursache: die extreme Armut eines Großteils der Menschheit. Wenn mit einem Zertifikatssystem, das weltweit fairem Handel zum Durchbruch verhilft, die Armut effektiv beseitigt wird, spart sich die Menschheit unvorstellbare Kosten für deren zahlreiche Folgewirkungen. Und sie spart sich diese auf Dauer. Die freiwerdenden Gelder werden stattdessen investiv in den Weltwirtschaftskreislauf eingespeist. Eine transparente Einpreisung fairer Löhne, humaner Arbeitsbedingungen und nachhaltiger Produktionsweisen ist im Endeffekt in jedem Falle weitaus kostengünstiger für die gesamte Weltgemeinschaft als in der Summe Milliarden und Billionen für Sicherheit, Entwicklungshilfe und Umweltschutz auszugeben.

Wie sieht es mit dem zweiten Millenniumsziel aus, der Gewährleistung einer Grundschulbildung für alle Kinder der Welt bis zum Jahr 2015?

Hierfür muss man Geld investieren und dieses Ziel ist damit in erster Linie Aufgabe der Politik auf Länderebene und der Ebene internationaler Entwicklungszusammenarbeit. Die Wirtschaft braucht gut ausgebildete Kräfte. Aber die Gewährleistung von Bildung ist zunächst eine staatliche Aufgabe.

Dennoch hat der zuvor beschriebene Weg der Armutsbekämpfung durch ein Global Fair Trade-System zugleich auch erhebliche Auswirkungen auf die schnelle Erreichung einer guten Ausbildung für sehr viele Kinder in der Welt.

Was bringt es, wenn westliche Länder über staatliche oder private Hilfe Gelder für den Bau von Schulen in Entwicklungsländern geben, während gleichzeitig in diesen Ländern Bedingungen herrschen, durch die viele Kinder gezwungen sind, auf den Feldern oder in Fabriken zu arbeiten, damit ihre Familien überleben können? In Verbindung mit dem Global Fair Trade-System wird der Kinderarbeit gleich in doppelter Weise ein Riegel vorgeschoben. Zum einen ist Kinderarbeit in den verbindlichen sozialen Standards strikt verboten. Ein Unternehmen, das seine Produkte zertifizieren ließ, würde sonst seine Erlaubnis zum Handel mit Europa riskieren, was es sich wegen der wirtschaftlichen Konsequenzen für sein Unternehmen nicht erlauben wird. Zum zweiten ist durch die ebenso strikt geprüfte Einhaltung der Mindestlöhne sichergestellt, dass die Familien würdig leben können, also ohne die Einnahmen durch die Arbeit ihrer Kinder. Kinderarbeit ist auf diesem Wege also weder möglich noch nötig.

Die Erfahrungen weltweit haben ferner folgendes gezeigt: Sobald Familien finanziell genügend abgesichert sind, haben sie in aller Regel selbst das allergrößte Interesse, ihre Kinder zur Schule zu schicken, und sei es, dass sie die entsprechenden Schulen selbst organisieren müssen in der Gemeinschaft des Dorfes oder des Stadtviertels. Und schließlich: Wenn das Einkommen der Ärmsten im Lande steigt, kann sich auch ein Staat leichter aus eigener Kraft die Bereitstellung von genügend Schulen leisten und wird weniger abhängig von Hilfswerken.

Gilt dies auch für die weiteren Millenniumsziele: die Beseitigung aller Geschlechterbenachteiligung im Bildungssektor, Senkung der Kindersterblichkeit um zwei Drittel und die Senkung der Müttersterblichkeit um drei Viertel?

Letztlich hängt all dies ganz entscheidend von der Beseitigung der Ursachen der Armut ab und von der Durchbrechung der Logik der Armutskreisläufe. Es kann am Ende so kommen, dass mit teuren Maßnahmen tatsächlich die Kindersterblichkeit um zwei Drittel und die Müttersterblichkeit um drei Viertel gesenkt werden und dass auch alle anderen Millenniumsziele erreicht werden. Wenn aber das Ziel der Armutsüberwindung nicht erreicht ist, hat all dies keine besonders stabile Grundlage. Die Überwindung der Armut ist zugleich der Schlüssel zur Lösung der anderen Probleme. Die Überwindung der Armut ist der effektivste, kostengünstigste und nachhaltigste Weg für die Erreichung auch aller anderen Millenniumsziele.

Aber die Statistiken zeigen, dass die Welt insgesamt reicher geworden ist.

Was nützen uns tolle Statistiken, wenn am Ende die Armutskluft in der Welt trotzdem noch größer geworden sein sollte, weil wir nicht konsequent bei dieser Ursachenebene angesetzt haben? Armutsbekämpfung ist nicht das Allheilmittel für Entwicklung – gezielte Förderung der Frauen sowie allgemein der Bildung sind ebenfalls zentrale Schlüssel –, aber die

Überwindung der Armut allein löst vermutlich so viele andere Menschheitsgeißeln wie kein anderer Ansatz.

Also Symptome bekämpfen anstatt Ursachen beheben?

Die EU hat es in der Hand, anstatt eine teure Helferbürokratie noch weiter aufzublähen, einen viel wirksameren wirtschaftspolitischen Ansatz wie das Global Fair Trade-System zu fördern. Die EU als Weltwirtschaftsmacht kann und muss von sich aus handeln. Sie ist ohnehin der größte Geldgeber, wenn es um Hilfe zum Beispiel durch UNO-Einrichtungen geht. Die EU sollte umdenken und ihr Geld weniger in bürokratische Maßnahmen stecken und mehr in marktwirtschaftlich wirksame Anreizsysteme für die Durchsetzung von sozialen und ökologischen Standards.

Welche Rolle spielt die UNO? Ist sie nicht auch eine stark bürokratische Einrichtung?

Die UNO ist außerordentlich wichtig und wertvoll, aber in vielen Dingen wird bei der UNO sehr bürokratisch agiert und ohne konkrete, greifbare Instrumente. Die UNO hat den Konstruktionsfehler, dass sie nicht konsequent ihren sehr wertvollen inhaltlichen Zielen verpflichtet ist, sondern den oft sehr egoistischen strategischen Zielen der sie tragenden Nationen. Was nützen richtige Ziele, wenn es dafür nicht auch einen strategisch richtig ansetzenden und konsequenten Umsetzungs- und Zeitplan gibt? Wer prüft die Umsetzung? Was ist passiert seit September 2000, als 189 Nationen sich auf die Umsetzung der Millenniumsziele verpflichtet haben? Es sind sieben Jahre vergangen, aber viele Nationen verfolgen offensichtlich ganz andere Prioritäten als jene, die sie damals unterzeichnet haben. Wer kann sie dafür zur Rechenschaft ziehen und auf welche Weise? Wo ist der strategisch überzeugende Plan, nach dem die Millenniumsziele verfolgt werden? Es gibt keinerlei Kontrolle, ob die Selbstverpflichtungen auch eingelöst werden. Die Millenniumsziele sollten daher durch ein geeignetes Managementsystem auf ihre Umsetzung hin zu kontrollieren sein.

Noch einmal: Es gibt genügend gute Zielvorgaben seitens der Politik. Es gibt auch genügend viele und gute Veröffentlichungen, die auf die Probleme und Widersprüche der gegenwärtigen Gestaltung der Globalisierung hinweisen. Und es gibt durchaus auch genügend gute Visionäre, die so wichtig sind für die Entwicklung neuer kreativer Ideen. Aber dies reicht offensichtlich noch nicht zu der so dringend notwendigen überzeugenden Neugestaltung der Globalisierung. Die Zeit ist reif zum Handeln. Damit wir entsprechend wirksam handeln können, brauchen wir permanent funktionierende Systeme mit wirksamen Kontrollen. Dies ist die Ebene, auf der heute überzeugende Antworten gefunden werden müssen: die Ebene systemischer Lösungen, systemischer Konzepte. Und überzeugende systemische Lösungen können im Zeitalter der Globalisierung nur gefunden werden, wenn diese die Menschheit als unteilbar Ganzes in den Blick nehmen. Erst dann lassen sich Systeme konzipieren, die auch wieder funktionieren. Erst dann lassen sich wieder schlanke statt bürokratische Systeme gestalten, handlungsfähige statt handlungsgelähmte. Kofi Annan brachte es bei seiner Neujahrsansprache 2004 auf den Punkt:

»Wir brauchen keine weiteren Versprechen. Wir müssen anfangen, die Versprechen einzuhalten, die wir bereits gegeben haben.«

Das vorletzte Millenniumsziel befasst sich mit der Umwelt. Bis 2015 soll der Trend zur globalen Umweltzerstörung gestoppt und umgekehrt sein. Die Wende zu einer nachhaltigen Entwicklung soll stabilisiert sein. Wie können wir dies erreichen?

Die Global Fair Trade Zertifizierung berücksichtigt alle wichtigen Kriterien einer nachhaltigen Produktion. Mit der Etablierung dieses neuen Systems würde der Umschwung zu einer nachhaltigen Entwicklung nicht allmählich an Boden gewinnen, sondern würde sich in relativ kurzer Zeit über den gesamten Planeten ausbreiten. Die Wirtschaft würde in den »Driver Seat« für die Umsetzung einer weltweit nachhaltigen Produktionsweise steigen und all ihre Kreativität und Effizienz dafür mobilisieren, weil es mit dem Global Fair Trade-System zu ihrem unmittelbaren wirtschaftlichen Interesse würde. Jeder Unternehmer müsste bei diesem System für jedes seiner

Produkte die entsprechenden Umweltstandards erfüllen. In dieser Hinsicht wäre der einzige Unterschied zwischen den Unternehmen dann nur noch die sehr produktive Konkurrenzsituation, wer die Umweltauflagen am intelligentesten, effektivsten und kostengünstigsten erfüllt. Sicher muss man den Unternehmen eine Frist geben für die Erfüllung der Auflagen. Aber mit klaren und wettbewerbsneutralen Auflagen würde der Wettbewerb um die beste Kreativität bei der Umsetzung sofort beginnen.

Europa also als der Motor für globale ökosoziale Standards?

Die meisten Unternehmen innerhalb der EU erfüllen für ihre Produkte bereits die meisten erforderlichen ökosozialen Standards. Aber die meisten Unternehmen zum Beispiel in China und den sonstigen Schwellen- und Entwicklungsländern erfüllen diese Standards nicht und brauchen Zeit, um die erforderlichen Maßnahmen durchzuführen. Dafür erhalten sie nach Eingang des Antrags bei der EU die nötige Zeit von einigen Jahren. Die wichtigsten sozialen Standards wie beispielsweise die Zahlung von Mindestlöhnen müssen aber auch sie mit dem Start des Global Fair Trade-Systems sofort erfüllen. Auf diese Weise haben alle Unternehmen die faire Chance, ihren Beitrag zu einer weltweiten ökosozialen Marktwirtschaft zu leisten.

Natürlich bedeutet der beschriebene Effekt des Global Fair Trade-Systems auf die Umwelt nicht, dass nicht auch die Staaten weiterhin ihre Hausaufgaben im Umweltsektor erledigen müssen. Letztlich müssen sie auch die erforderlichen Umweltstandards schrittweise weiterentwickeln. Aber sie erhalten mit dem Global Fair Trade-System ein neues Instrument in die Hand, damit ihre Standards weit über die EU hinaus wirksam werden.

Kommen wir nun zum letzten Millenniumsziel, der Schaffung eines nicht-diskriminierenden Handels- und Finanzsystems.

Unter nicht-diskriminierendem Handel verstehe ich schlicht und einfach Transparenz im Welthandel. Die Finanzsysteme könnten durchaus ebenfalls sehr transparent gestaltet werden. Die Voraussetzung hierfür wäre die Durchsetzung eines reinen Konsumsteuersystems.

Abschließend noch drei allgemeine Fragen. Warum fällt in Ihrem System der EU eine Pionierrolle zu?

Der Grund hierfür ist naheliegend: Die fehlende Wettbewerbsneutralität drängt Europa zum Handeln. Eine Einigung auf der Ebene der WTO ist wenig wahrscheinlich, weil die Interessen der einzelnen Länder im Vordergrund stehen. Die EU hat das Prinzip der ökosozialen Marktwirtschaft für ihren Bereich glaubwürdig und nachhaltig umgesetzt. Und schließlich ist die EU eine große Macht im Weltmarkt.

Welches ist die Rolle der WTO im Welthandel?

Die WTO braucht dringend ein neues Image, vor allem in der heutigen Situation der festgefahrenen Doha-Runde. Es geht darum, den freien Handel mit dem Prinzip des fairen Handels zu ergänzen. Andernfalls droht angesichts der wachsenden Macht der Schwellenländer eine völlige Lähmung der WTO. Die Ideallösung wäre, dass die WTO ein Global Fair Trade-System einführt. Die Reallösung sieht so aus, dass die EU das Global Fair Trade-System einführt und die WTO wichtige Aufgaben übernimmt.

Kann Europa diese Verantwortung allein übernehmen?

Europa kann, wie derzeit in der Klimapolitik, eine internationale Vorreiterrolle übernehmen. Das Interessante ist, dass infolge der neuen EU-Handelsregeln, welche WTO-konform sind, der Welthandel automatisch die anderen Unternehmer außerhalb Europas und folglich auch andere Wirtschaftskreise mitziehen wird, und das sogar sehr schnell. Eine weltweite ökosoziale Marktwirtschaft kommt in Gang.

Anhang

Die Sozialstandards: SA 8000

Der Social Accountability Standard

I. Zielsetzung und Geltungsbereich

Dieser Standard definiert Erfordernisse an die soziale Verantwortung von Unternehmen, die es ihnen ermöglichen:

a) Richtlinien und Verfahren zu entwickeln, zu verfolgen und umzusetzen, um die soziale Performance ihrer Entscheidungen und Aktionen zu kontrollieren oder zu beeinflussen;

b) interessierten Parteien darzulegen, dass Richtlinien, Verfahren und Praktiken mit den Anforderungen dieses Standards in Einklang stehen.

Die Erfordernisse dieses Standards sind allgemein anwendbar, was geographische Lage, Branche und Unternehmensgröße betrifft.

II. Normative Elemente und deren Interpretation

Das Unternehmen hält nationale und sonstige anwendbare Gesetze, sowie andere Anforderungen, denen das Unternehmen verpflichtet ist, sowie diesen Standard ein.

Wenn nationale und sonstige anwendbare Gesetze sowie Anforderungen, denen das Unternehmen verpflichtet ist, sowie dieser Standard die gleiche Frage regeln, dann ist die strengste Bestimmung anwendbar.

Das Unternehmen beachtet darüber hinaus die Grundsätze der folgenden internationalen Instrumentarien:

IAO-Übereinkommen 29 und 105 (Zwangs- und Sklavenarbeit)

IAO-Übereinkommen 87 (Vereinigungsfreiheit)

IAO-Übereinkommen 98 (Recht zu Kollektivverhandlungen)

IAO-Übereinkommen 100 und 111 (gleiches Entgelt für Männer und Frauen bei gleicher Arbeit; Diskriminierungsverbot)

IAO-Übereinkommen 135 (Übereinkommen bezüglich Arbeitnehmervertretern)

IAO-Übereinkommen 138 und Empfehlung 146 (Mindestbeschäftigungsalter)

IAO-Übereinkommen 155 und Empfehlung 164 (Gesundheit und Sicherheit am Arbeitsplatz)

IAO-Übereinkommen 159 (Berufsausbildung und Beschäftigung, behinderte Personen)

IAO-Übereinkommen 177 (Heimarbeit)

IAO-Übereinkommen 182 (schlimmste Formen der Kinderarbeit)

Allgemeine Erklärung über die Menschenrechte

Übereinkommen der Vereinten Nationen zur Beseitigung aller Formen von Diskriminierung von Frauen

III. Begriffsbestimmungen

1. Definition eines Unternehmens: die Gesamtheit einer Organisation oder Wirtschaftseinheit, die für die Umsetzung der Erfordernisse dieses Standards verantwortlich ist, unter Einschluss aller Angestellter (d. h. Direktoren, Vorstandsmitglieder, Manager, Abteilungsleiter und nicht leitende Angestellte, unabhängig davon, ob das Unternehmen sie direkt beschäftigt, ob sie dem Unternehmen anderweitig vertraglich verbunden sind oder es anderswie vertreten).

2. Definition eines Lieferanten/Subunternehmers: eine Wirtschaftseinheit, die dem Unternehmen Güter liefert und/oder Dienstleistungen erbringt, die Bestandteil der Produktion der Erzeugnisse und/oder Dienstleistungen des Unternehmens sind und in dieser bzw. für diese verwendet werden.

3. Definition eines Sublieferanten: eine Wirtschaftseinheit in der Zulieferkette, die dem Lieferanten direkt oder indirekt Güter liefert und/oder Dienstleistungen für ihn erbringt, die Bestandteil der Produktion der Erzeugnisse und/oder Dienstleistungen des Unternehmens bzw. des Zulieferers sind und in dieser bzw. für diese verwendet werden.

4. Definition Wiedergutmachungsmaßnahmen: Maßnahmen, die zur Wiedergutmachung einer vorherigen Verletzung der Arbeitsrechte, die von SA 8000 abgedeckt werden, gegenüber einem Arbeiter oder früheren Angestellten dienen.

5. Definition korrigierender Maßnahmen: die Implementierung systematischer Veränderungen oder Lösungen zur sofortigen und dauerhaften Behebung einer Nichteinhaltung des Standards.

6. Definition einer beteiligten Partei: Einzelperson oder Gruppen, die durch das soziale Gebaren des Unternehmens betroffen oder damit befasst sind.

7. Definition eines Kindes: Personen unter dem 15. Lebensjahr, es sei denn, das lokale Gesetz über das Mindestbeschäftigungsalter bestimmt ein höheres Alter für die Zulassung zur Arbeit oder zum verpflichtenden Schulbesuch. In diesem Fall ist das höhere Alter anzuwenden. Wenn das lokale Mindestbeschäftigungsalter jedoch gemäß den in IAO-Übereinkommen 138 für Entwicklungsländer vorgesehenen Ausnahmen auf 14 Jahren festgesetzt ist, ist das niedrigere Alter anwendbar.

8. Definition eines jugendlichen Arbeitnehmers: Beschäftigte, deren Alter über dem oben definierten Alter eines Kindes und unter dem 18. Lebensjahr liegt.

9. Definition Kinderarbeit: Arbeit durch ein Kind, das jünger als das oben in der Definition eines Kindes angegebene Alter ist, ausgenommen den Bestimmungen der IAO-Empfehlung 146.

10. Definition Zwangsarbeit: Alle Tätigkeiten oder Dienstleistungen, die einer Person unter Androhung von Strafmaßnahmen auferlegt werden und für die sich die genannte Person nicht freiwillig angeboten hat, oder solche Tätigkeiten oder Dienstleistungen, die zur Rückzahlung von Schulden verlangt werden.

11. *Definition Wiedergutmachungsmaßnahmen für Kinder:* Alle erforderliche Unterstützung und erforderlichen Maßnahmen zur Gewährleistung der Sicherheit, Gesundheit, Ausbildung und Entwicklung von Kindern, die gemäß der oben genannten Definition Kinderarbeit geleistet haben und die entlassen wurden.

12. *Definition Heimarbeiter:* Eine Person, die unter einem direkten oder indirekten Vertrag gegen Bezahlung für ein Unternehmen Arbeiten, die nicht am Sitz des Unternehmens stattfinden, ausführt, deren Ergebnis ein Produkt oder eine Dienstleistung ist, die durch den Auftraggeber spezifiziert wurde, ungeachtet davon, wer die Ausrüstung, das Material oder andere Mittel bereit stellt.

IV. Erfordernisse des Standards

1. Kinderarbeit – Kriterien:

1.1 – Das Unternehmen wird nicht auf gemäß der oben genannten Definition bestimmte Kinderarbeit zurückgreifen oder diese unterstützen.

1.2 – Das Unternehmen wird Richtlinien und Verfahren einführen, dokumentieren, befolgen und an seine Mitarbeiter und andere interessierte Parteien wirkungsvoll kommunizieren, um Kindern in einer der oben beschriebenen Definition von Kinderarbeit entsprechenden Situation zu helfen. Es wird adäquate Hilfe bereitstellen, um den Schulbesuch dieser Kinder zu ermöglichen und zu gewährleisten, bis sie nicht mehr der oben angegebenen Definition eines Kindes entsprechen.

1.3 – Das Unternehmen wird Richtlinien und Verfahren einführen, dokumentieren, befolgen und an seine Belegschaft und andere interessierte Parteien wirkungsvoll kommunizieren, um die Ausbildung von Kindern (gemäß IAO-Empfehlung 146) und von jugendlichen Arbeitnehmern, die den lokalen Gesetzen über die Schulpflicht unterliegen oder die die Schule besuchen, zu fördern. Dies bedeutet, dass Maßnahmen getroffen werden, um dafür zu sorgen, dass keine Kinder oder jugendlichen Arbeitnehmer während der Schulzeit beschäftigt werden und dass die Gesamtzeit des täglichen Transports (zu und von der Arbeit und der Schule), des Unterrichts und der Arbeit 10 Stunden pro Tag nicht übersteigt.

1.4 – Das Unternehmen wird Kinder oder jugendliche Arbeitnehmer weder innerhalb noch außerhalb des Arbeitsplatzes Situationen aussetzen, die gefährlich, unsicher oder ungesund sind.

2. Zwangsarbeit – Kriterium:

2.1 – Das Unternehmen wird weder Zwangsarbeit in Anspruch nehmen noch diese unterstützen. Zudem wird die Belegschaft zu Beginn ihrer Beschäftigung nicht verpflichtet, Sicherheiten oder Ausweispapiere zu hinterlegen.

3. Gesundheit und Sicherheit – Kriterien:

3.1 – Das Unternehmen wird, den aktuellen Wissensstand über die Industrie und spezifische Gefahren berücksichtigend, eine sichere und gesunde Arbeitsumgebung bieten und die erforderlichen Maßnahmen treffen, um Unfälle und Gesundheitsschäden zu vermeiden, die sich infolge, in Verbindung mit oder im Laufe der Arbeit ergeben, indem es, im Rahmen des Angemessenen, die Ursachen der Arbeitsumgebung innewohnenden Gefahren minimiert.

3.2 – Das Unternehmen ernennt im leitenden Management einen Beauftragten, der für die Gesundheit und Sicherheit der gesamten Belegschaft verantwortlich und für die Anwendung der Gesundheits- und Sicherheitsbestimmungen dieses Standards rechenschaftspflichtig ist.

3.3 – Das Unternehmen wird gewährleisten, dass die gesamte Belegschaft regelmäßig Schulungen zu Gesundheit und Sicherheit am Arbeitsplatz erhält, dass die Teilnahme dokumentiert wird und dass diese Schulungen für neues und versetztes Personal wiederholt werden.

3.4 – Das Unternehmen wird Systeme einrichten, um eine potentielle Gefährdung der Gesundheit und Sicherheit der gesamten Belegschaft zu identifizieren, zu vermeiden oder auf diese zu reagieren.

3.5 – Das Unternehmen wird saubere Toiletten, Zugang zu Trinkwasser und, wenn erforderlich, Einrichtungen zur Lagerung von Lebensmitteln bereitstellen, die durch die gesamte Belegschaft benutzt werden dürfen.

3.6 – Das Unternehmen wird gewährleisten, dass gegebenenfalls bereitgestellte Schlafräume sauber und sicher sind und den grundlegenden Erfordernissen des Personals entsprechen.

4. Vereinigungsfreiheit und Recht zu Kollektivverhandlungen – Kriterien:

4.1 – Das Unternehmen wird das Recht der gesamten Belegschaft auf Gründung von und Beitritt zu Gewerkschaften ihrer Wahl und das Recht zu Kollektivverhandlungen respektieren.

4.2 – Das Unternehmen wird in solchen Situationen, in denen das Vereinigungsrecht und das Recht zu Kollektivverhandlungen gesetzlich eingeschränkt sind, parallele Möglichkeiten zum unabhängigen und freien Zusammenschluss und zu Kollektivverhandlungen für die gesamte Belegschaft bieten.

4.3 – Das Unternehmen stellt sicher, dass Vertreter dieser Vereinigungen nicht diskriminiert werden und dass diese Vertreter Zugang zu ihren Mitgliedern am Arbeitsplatz haben.

5. Diskriminierung – Kriterien:

5.1 – Das Unternehmen wird keinerlei diskriminierende Handlungen vornehmen oder diese unterstützen, aufgrund derer Menschen wegen ihrer Rasse, Kaste, nationaler Herkunft, Glaubensbekenntnis, Behinderung, Geschlecht, sexueller Orientierung, Mitgliedschaft einer Gewerkschaft, politischer Zugehörigkeit oder Alter eingestellt und vergütet werden, oder Zugang zu Ausbildung bekommen, oder befördert, entlassen oder pensioniert werden.

5.2 – Das Unternehmen wird seine Belegschaft nicht in der Ausbildung ihrer Glaubenslehre und -praktiken oder der Erfüllung ihrer Bedürfnisse in Bezug auf Rasse, Kaste, nationale Herkunft, Glaubensbekenntnis, Behinderung, Geschlecht, sexuelle Orientierung, Mitgliedschaft einer Gewerkschaft oder politische Zugehörigkeit behindern.

5.3 – Das Unternehmen wird keinerlei Verhalten, einschließlich Gesten, Äußerungen oder Körperberührungen, tolerieren, das sexuell nötigend, bedrohend, beleidigend oder ausbeutend ist.

6. Disziplinarmaßnahmen – Kriterium:

6.1 – Das Unternehmen wird keinerlei körperliche Strafen, psychische oder körperliche Zwangsmaßnahmen und Beschimpfungen benutzen oder deren Anwendung unterstützen.

7. Arbeitszeiten – Kriterien:

7.1 – Das Unternehmen wird die anwendbaren Gesetze und Industrienormen bezüglich der Arbeitszeiten einhalten. Die normale Arbeitswoche soll nach geltendem Gesetz definiert sein, aber nicht regelmäßig über 48 Stunden hinausgehen. Das Personal erhält mindestens einen freien Tag in jeder siebentägigen Arbeitsperiode. Jegliche Überstunden werden mit einer Zuschlagszahlung entlohnt und übersteigen unter keinen Umständen 12 Stunden pro Arbeiter pro Woche.

7.2 – Mit Ausnahme von Absatz 7.3 sind Überstunden stets freiwillig.

7.3 – Wenn das Unternehmen Mitglied einer Kollektivvereinbarung ist, die mit einer Arbeitnehmerorganisation (wie definiert durch die IAO), die eine Vielzahl von Arbeitnehmern repräsentiert, geschlossen wurde, darf es Überstunden entsprechend dieser Vereinbarung anordnen, um kurzzeitigen Marktanforderungen zu entsprechen. Jegliche dieser Vereinbarungen muss die Anforderungen von Absatz 7.1 erfüllen.

8. Arbeitsentgelt – Kriterien:

8.1 – Das Unternehmen wird gewährleisten, dass die für eine normale Arbeitswoche bezahlten Löhne immer mindestens dem gesetzlich oder in der Branche vorgeschriebenen Mindestlohn entsprechen und dass der Lohn ausreicht, um die Grunderfordernisse der Belegschaft zu erfüllen, und einen Teil zur freien Verfügung lässt.

8.2 – Das Unternehmen wird sicherstellen, dass Lohnabzüge nicht als Disziplinarmaßnahmen dienen, und es wird gewährleisten, dass die Beschäftigten in einer nachvollziehbaren Form und in regelmäßigen Zeitabständen detaillierte Angaben über Lohn und Zulagen erhalten. Das Unternehmen wird auch gewährleisten, dass Löhne und Zulagen im Einklang mit allen anwendbaren Gesetzen bezahlt werden und dass die Vergütung auf eine für die Beschäftigten praktische Weise entweder in bar oder per Scheck bezahlt werden.

8.3 – Das Unternehmen wird gewährleisten, dass keine Arbeitsverträge mit illegalen Leiharbeitgebern abgeschlossen oder falsche Ausbildungsverhältnisse vereinbart werden, um die aus den einschlägigen Gesetzen und Regelungen des Arbeits- und Sozialversicherungsrechts erwachsenen Verpflichtungen zu vermeiden.

9. Managementsysteme – Kriterien:

9.1 – Das Topmanagement wird eine Richtlinie zur Einhaltung dieses Standards und angemessener Arbeitsbedingungen definieren, die:

a) eine Verpflichtung zur Einhaltung aller Erfordernisse dieses Standards enthält;

b) eine Verpflichtung enthält, alle nationalen und andere anwendbare Gesetze sowie andere Anforderungen, denen das Unternehmen verpflichtet ist, und die internationalen Instrumentarien und deren (in Abschnitt II aufgelistete) Interpretationen zu beachten;

c) eine Verpflichtung zu einem beständigen Verbesserungsprozess enthält;

d) effektiv dokumentiert, umgesetzt, gewahrt, mitgeteilt und für die ganze Belegschaft in einer verständlichen Form zugänglich ist – einschließlich Direktoren, Vorstandsmitgliedern, Management, Abteilungsleitern und Angestellten, unabhängig davon, ob das Unternehmen sie direkt beschäftigt, sie dem Unternehmen anderweitig vertraglich verbunden sind oder es anderswie vertreten;

e) öffentlich zugänglich ist.

Überprüfung durch das Management:

9.2 – Das Topmanagement wird die Zulänglichkeit, Angemessenheit und fortwährende Wirksamkeit der Richtlinie, der Arbeitsverfahren und der Durchführungsergebnisse zur Entsprechung mit den Erfordernissen dieses Standards und anderer Anforderungen, denen das Unternehmen verpflichtet ist, regelmäßig überprüfen. Das System wird geändert oder Verbesserungen angebracht, wenn dies sachgemäß ist.

Vertreter des Unternehmens:

9.3 – Das Unternehmen wird einen Beauftragten des Topmanagements ernennen, der ungeachtet seiner anderen Verantwortlichkeiten sicherstellt, dass die Erfordernisse dieses Standards erfüllt werden.

9.4 – Das Unternehmen wird es der Belegschaft ohne leitende Positionen ermöglichen, einen Vertreter unter ihnen zu wählen, der die Kommunikation mit dem Topmanagement über Fragen bezüglich dieses Standards erleichtert.

Planung und Umsetzung:

9.5 – Das Unternehmen wird gewährleisten, dass die Erfordernisse dieses Standards auf allen Ebenen der Organisation verstanden und umgesetzt werden. Die Maßnahmen dazu enthalten, sind aber nicht beschränkt auf:

a) eine eindeutige Definition der Rollen, Verantwortlichkeiten und Machtbefugnisse;

b) die Schulung neuer und/oder kurzzeitig beschäftigter Arbeitskräfte zum Zeitpunkt der Einstellung;

c) regelmäßige Schulungen und Maßnahmen, die den Schulungsinhalt tiefer ins Bewusstsein bringen, für die bestehende Belegschaft;

d) fortwährende Überprüfung der Tätigkeiten und Ergebnisse, um die Wirksamkeit der angewandten Systeme bei der Erfüllung der Richtlinien des Unternehmens sowie der Erfordernisse dieses Standards zu demonstrieren.

Kontrolle der Lieferanten/Subunternehmer und Sublieferanten:

9.6 – Das Unternehmen wird angemessene Verfahren einführen und nutzen, um die Lieferanten/Subunternehmer (und, wenn angebracht, Sublieferanten) aufgrund deren Fähigkeiten zur Erfüllung dieses Standards zu bewerten und auszuwählen.

9.7 – Das Unternehmen wird angemessene Aufzeichnungen über die Verpflichtung der Lieferanten/Subunternehmer (und, wo angebracht, Sublieferanten) zu sozialer Verantwortung führen. Diese sollen enthalten, sind aber nicht beschränkt auf die schriftliche Verpflichtung:

a) sich an alle Erfordernisse dieses Standards (einschließlich dieser Klausel) zu halten;

b) am Kontroll- und Überwachungssystem des Unternehmens auf Anfrage teilzunehmen;

c) ausgleichende und korrigierende Maßnahmen gegen jene Ereignisse, die nicht mit den Anforderungen dieses Standards in Einklang stehen, unverzüglich durchzuführen;

d) das Unternehmen unverzüglich und vollständig über jegliche relevanten Geschäftsbeziehungen mit anderen Lieferanten/Subunternehmern und Sublieferanten zu informieren.

9.8 – Das Unternehmen wird angemessene Nachweise über die Beachtung dieses Standards durch Lieferanten und Subunternehmer führen.

9.9 – Zusätzlich zu den Erfordernissen der Absätze 9.6 und 9.7 soll das Unternehmen, wenn es Waren und/oder Dienstleistungen von Lieferanten/Subunternehmern und Sublieferanten, die als Heimarbeiter klassifiziert sind, erhält, umschlägt oder vertreibt, Maßnahmen treffen, die sicherstellen, dass diesen Heimarbeitern ein gleichwertiger Schutz gewährt wird, wie ihn direkte Angestellte unter den Regeln dieses Standards erhalten. Diese Maßnahmen enthalten, sind aber nicht begrenzt auf:

a) die Einführung rechtsverbindlicher und schriftlicher Ankaufsverträge, die zumindest eine Übereinstimmung mit den Minimalanforderungen (in Übereinstimmung mit den Anforderungen dieses Standards) verlangen;

b) die Sicherstellung, dass alle aus dem Ankaufsvertrag erwachsenen Anforderungen durch die Heimarbeiter und allen anderen Beteiligten am Ankaufsvertrag verstanden und implementiert werden;

c) das kontinuierliche Führen umfassender und detaillierter Unterlagen am Sitz des Unternehmens über die Identität der Heimarbeiter, die Mengen der von ihnen produzierten Waren/Dienstleitungen und/oder der geleisteten Arbeitsstunden eines jeden Heimarbeiters;

d) die Durchführung häufiger angekündigter und unangekündigter Kontrollen, um die Befolgung der Vereinbarungen des Ankaufsvertrages zu garantieren.

Probleme angehen und korrigierend eingreifen:

9.10 – Das Unternehmen wird jegliche Anliegen der Beschäftigten und anderer interessierter Parteien bezüglich der Beachtung/Nichtbeachtung der Unternehmensrichtlinie und/oder der Erfordernisse dieses Standards untersuchen, angehen und auf sie reagieren; das Unternehmen wird von Strafen, Kündigung oder anderen diskrimirenden Maßnahmen gegen Angestellte, die sich über die Einhaltung dieses Standards geäußert haben, absehen.

9.11 – Das Unternehmen wird Wiedergutmachung leisten, korrigierend eingreifen und die geeigneten Mittel einsetzen, die der Art und Schwere der ausfindig gemachten Nichteinhaltung der Unternehmensrichtlinie und/oder der Erfordernissen dieses Standards angemessen sind.

Berichterstattung:

9.12 – Das Unternehmen wird Verfahren einrichten und befolgen, um allen interessierten Parteien regelmäßig Daten und andere Informationen zur Verfügung zu stellen. Diese Informationen müssen die Ergebnisse des Berichts an die Geschäftsleitung und der Kontrollaktivitäten beinhalten, sind aber nicht auf diese beschränkt.

Zugang für Kontrollen:

9.13 – Wenn dies vertraglich bestimmt ist, wird das Unternehmen angemessene Informationen bereitstellen und interessierten Parteien, die die Beachtung der Anforderungen dieses Standards prüfen wollen, Einsicht gewähren. Wenn dies vertraglich festgelegt ist, werden auch die Lieferanten und Subunternehmer des Unternehmens ähnliche Informationen bereitstellen, indem diese Verpflichtung in die Ankaufsverträge des Unternehmens aufgenommen wird.

Aufzeichnungen:

9.14 – Das Unternehmen wird angemessene Aufzeichnungen führen, um die Einhaltung der Anforderungen dieses Standards zu dokumentieren.

Die Umweltstandards: ISO 14 001

Ein Umweltmanagementsystem

Organisationen, die sich am Gemeinschaftssystem für das Umweltmanagement und die Umweltbetriebsprüfung (EMAS) beteiligen, haben die Anforderungen zu erfüllen, die in Abschnitt 4 der Europäischen Norm ISO 14 001:2004 festgelegt sind und nachstehend vollständig wiedergegeben werden:

I-A. Anforderungen an ein Umweltmanagementsystem

I-A.1 Allgemeine Anforderungen
Die Organisation muss in Übereinstimmung mit den Anforderungen dieser Internationalen Norm ein Umweltmanagementsystem einführen, dokumentieren, verwirklichen, aufrechterhalten und ständig verbessern und bestimmen, wie sie diese Anforderungen erfüllen wird.
Die Organisation muss den Anwendungsbereich ihres Umweltmanagementsystems festlegen und dokumentieren.

I-A.2 Umweltpolitik

Das oberste Führungsgremium muss die Umweltpolitik der Organisation festlegen und sicherstellen, dass sie innerhalb des festgelegten Anwendungsbereiches ihres Umweltmanagementsystems:
a) in Bezug auf Art, Umfang und Umweltauswirkungen ihrer Tätigkeiten, Produkte und Dienstleistungen angemessen ist;
b) eine Verpflichtung zur ständigen Verbesserung und zur Vermeidung von Umweltbelastungen enthält;
c) eine Verpflichtung zur Einhaltung der geltenden rechtlichen Verpflichtungen und anderer Anforderungen enthält, zu denen sich die Organisation bekennt und die auf deren Umweltaspekte bezogen sind;
d) den Rahmen für die Festlegung und Bewertung der umweltbezogenen Zielsetzungen und Einzelziele bildet;
e) dokumentiert, implementiert und aufrechterhalten wird;
f) allen Personen mitgeteilt wird, die für die Organisation oder in deren Auftrag arbeiten; und
g) für die Öffentlichkeit zugänglich ist.

I-A.3 Planung
I-A.3.1 *Umweltaspekte*
Die Organisation muss (ein) Verfahren einführen, verwirklichen und aufrechterhalten,

a) um jene Umweltaspekte ihrer Tätigkeiten, Produkte und Dienstleistungen innerhalb des festgelegten Anwendungsbereiches des Umweltmanagementsystems, die sie überwachen und auf die sie Einfluss nehmen kann, unter Berücksichtigung geplanter oder neuer Entwicklungen oder neuer oder modifizierter Tätigkeiten, Produkte und Dienstleistungen zu ermitteln; und

b) um jene Umweltaspekte, die bedeutende Auswirkung(en) auf die Umwelt haben oder haben können, zu bestimmen (d. h. bedeutende Umweltaspekte).

Die Organisation muss diese Informationen dokumentieren und auf dem neuesten Stand halten.

Die Organisation muss sicherstellen, dass die bedeutenden Umweltaspekte beim Einführen, Verwirklichen und Aufrechterhalten ihres Umweltmanagementsystems beachtet werden.

I-A.3.2 *Rechtliche Verpflichtungen und andere Anforderungen*
Die Organisation muss (ein) Verfahren einführen, verwirklichen und aufrechterhalten, um

a) geltende rechtliche Verpflichtungen und andere Anforderungen, zu denen sich die Organisation in Bezug auf ihre Umweltaspekte verpflichtet hat, zu ermitteln und zugänglich zu haben;

b) zu bestimmen, wie diese Anforderungen auf ihre Umweltaspekte anwendbar sind.

Die Organisation muss sicherstellen, dass diese geltenden rechtlichen Verpflichtungen und anderen Anforderungen, zu denen sich die Organisation verpflichtet hat, beim Einführen, Verwirklichen und Aufrechterhalten des Umweltmanagementsystems berücksichtigt werden.

I-A.3.3 *Zielsetzungen, Einzelziele und Programm(e)*
Die Organisation muss dokumentierte umweltbezogene Zielsetzungen und Einzelziele für relevante Funktionen und Ebenen innerhalb der Organisation einführen, verwirklichen und aufrechterhalten.

Die Zielsetzungen und Einzelziele müssen, soweit praktikabel, messbar sein und im Einklang mit der Umweltpolitik stehen, einschließlich der Verpflichtungen zur Vermeidung von Umweltbelastungen, zur Einhaltung geltender rechtlicher Verpflichtungen und anderer Anforderungen, zu denen sich die Organisation verpflichtet hat, und zur ständigen Verbesserung.

Beim Festlegen und Bewerten ihrer Zielsetzungen und Einzelziele muss eine Organisation die rechtlichen Verpflichtungen und anderen Anforderungen, zu denen sie sich verpflichtet hat, berücksichtigen und deren bedeutende Umweltaspekte beachten. Sie muss außerdem ihre technologischen Optionen, ihre finanziellen, betrieblichen und geschäftlichen Anforderungen sowie die Standpunkte interessierter Kreise berücksichtigen.

Die Organisation muss (ein) Programm(e) zum Erreichen ihrer Zielsetzungen und

Einzelziele einführen, verwirklichen und aufrechterhalten. Das Programm/die Programme muss/müssen enthalten:

a) Festlegung der Verantwortlichkeit für das Erreichen der Zielsetzungen und Einzelziele für relevante Funktionen und Ebenen der Organisation; und

b) die Mittel und den Zeitrahmen für ihr Erreichen.

I-A.4 Verwirklichung und Betrieb

I-A.4.1 *Ressourcen, Aufgaben, Verantwortlichkeit und Befugnis*

Die Leitung der Organisation muss die Verfügbarkeit der benötigten Ressourcen für die Einführung, Verwirklichung, Aufrechterhaltung und Verbesserung des Umweltmanagementsystems sicherstellen. Die Ressourcen umfassen das erforderliche Personal und spezielle Fähigkeiten, die Infrastruktur der Organisation, technische und finanzielle Mittel.

Aufgaben, Verantwortlichkeiten und Befugnisse müssen festgelegt, dokumentiert und kommuniziert werden, um wirkungsvolles Umweltmanagement zu erleichtern.

Das oberste Führungsgremium der Organisation muss (einen) spezielle(n) Beauftragte(n) des Managements bestellen, welche(r), ungeachtet anderer Zuständigkeiten, festgelegte Aufgaben, Verantwortlichkeiten und Befugnisse hat/haben, um

a) sicherzustellen, dass ein Umweltmanagementsystem in Übereinstimmung mit den Anforderungen dieser Internationalen Norm eingeführt, verwirklicht und aufrechterhalten wird;

b) über die Leistung des Umweltmanagementsystems an das oberste Führungsgremium zur Bewertung, einschließlich Empfehlungen für Verbesserungen, zu berichten.

I-A.4.2 *Fähigkeit, Schulung und Bewusstsein*

Die Organisation muss sicherstellen, dass jede Person, die für sie oder in ihrem Auftrag Tätigkeiten ausübt, von denen nach Feststellung der Organisation (eine) bedeutende Umweltauswirkung ausgehen (kann) können, durch Ausbildung, Schulung oder Erfahrung qualifiziert ist, und muss damit verbundene Aufzeichnungen aufbewahren.

Die Organisation muss den Schulungsbedarf ermitteln, der mit ihren Umweltaspekten und ihrem Umweltmanagementsystem verbunden ist. Sie muss Schulungen anbieten oder andere Maßnahmen ergreifen, um diesen Bedarf zu decken, und muss die damit verbundenen Aufzeichnungen aufbewahren.

Die Organisation muss (ein) Verfahren einführen, verwirklichen und aufrechterhalten, (das sicherstellt) die sicherstellen, dass Personen, die für sie oder in ihrem Auftrag arbeiten, sich bewusst werden über:

a) die Wichtigkeit des Übereinstimmens mit der Umweltpolitik und den zugehörigen Verfahren und mit den Anforderungen des Umweltmanagementsystems;

b) die bedeutenden Umweltaspekte und die damit verbundenen tatsächlichen oder potenziellen Auswirkungen im Zusammenhang mit ihrer Tätigkeit und die umweltbezogenen Vorteile durch verbesserte persönliche Leistung;

c) ihre Aufgaben und Verantwortlichkeiten zum Erreichen der Konformität mit den Anforderungen des Umweltmanagementsystems; und

d) die möglichen Folgen eines Abweichens von festgelegten Abläufen.

I-A.4.3 *Kommunikation*

Im Hinblick auf ihre Umweltaspekte und ihr Umweltmanagementsystem muss die Organisation ein Verfahren einführen, verwirklichen und aufrechterhalten für:

a) die interne Kommunikation zwischen den verschiedenen Ebenen und Funktionsbereichen der Organisation;

b) die Entgegennahme, Dokumentierung und Beantwortung relevanter Äußerungen externer interessierter Kreise.

Die Organisation muss entscheiden, ob sie über ihre bedeutenden Umweltaspekte extern kommunizieren will, und muss ihre Entscheidung dokumentieren. Wenn die Entscheidung fällt, zu kommunizieren, muss die Organisation (eine) Methode(n) für diese externe Kommunikation einführen und verwirklichen.

I-A.4.4 *Dokumentation*

Die Dokumentation des Umweltmanagementsystems muss enthalten:

a) die Umweltpolitik, Zielsetzungen und Einzelziele;

b) Beschreibung des Geltungsbereiches des Umweltmanagementsystems;

c) Beschreibung der Hauptelemente des Umweltmanagementsystems und ihrer Wechselwirkung sowie Hinweise auf zugehörige Dokumente;

d) Dokumente, einschließlich Aufzeichnungen, die von dieser Internationalen Norm gefordert werden; und

e) Dokumente, einschließlich Aufzeichnungen, die von der Organisation als notwendig eingestuft werden, um die effektive Planung, Durchführung und Kontrolle von Prozessen sicherzustellen, die sich auf ihre bedeutenden Umweltaspekte beziehen.

I-A.4.5 *Lenkung von Dokumenten*

Mit Dokumenten, die vom Umweltmanagementsystem und von dieser Internationalen Norm benötigt werden, muss kontrolliert umgegangen werden. Aufzeichnungen sind eine spezielle Art von Dokumenten und müssen nach den Anforderungen in I-A.5.4 gelenkt werden.

Die Organisation muss (ein) Verfahren einführen, verwirklichen und aufrechterhalten, um:

a) Dokumente bezüglich ihrer Angemessenheit vor ihrer Herausgabe freizugeben;

b) Dokumente zu bewerten und bei Bedarf zu aktualisieren und erneut freizugeben;

c) sicherzustellen, dass Änderungen und der aktuelle Status von Dokumenten gekennzeichnet werden;

d) sicherzustellen, dass relevante Fassungen aller maßgeblichen Dokumente vor Ort verfügbar sind;

e) sicherzustellen, dass Dokumente lesbar und leicht identifizierbar bleiben;

f) sicherzustellen, dass Dokumente externer Herkunft, die von der Organisation als notwendig für die Planung und den Betrieb des Umweltmanagementsystems eingestuft wurden, gekennzeichnet sind und ihre Verteilung gelenkt wird;

g) die unbeabsichtigte Verwendung veralteter Dokumente zu verhindern und diese in geeigneter Weise zu kennzeichnen, falls sie aus irgendeinem Grund aufbewahrt werden.

I-A.4.6 *Ablauflenkung*

Die Organisation muss in Erfüllung ihrer Umweltpolitik, Zielsetzungen und Einzelziele die Abläufe ermitteln und planen, die im Zusammenhang mit den festgestellten bedeutenden Umweltaspekten stehen, um sicherzustellen, dass sie unter festgesetzten Bedingungen ausgeführt werden durch:

a) Einführen, Verwirklichen und Aufrechterhalten (eines) dokumentierter(en) Verfahren(s), um Situationen zu regeln, in denen das Fehlen dokumentierter Verfahren zu Abweichungen von der Umweltpolitik, umweltbezogenen Zielsetzungen und Einzelzielen führen könnte; und

b) Festlegen betrieblicher Vorgaben in den Verfahren; und

c) Einführen, Verwirklichen und Aufrechterhalten von Verfahren in Bezug auf die ermittelten bedeutenden Umweltaspekte der von der Organisation benutzten Waren und Dienstleistungen sowie Bekanntgabe anzuwendender Verfahren und Anforderungen an Zulieferer, einschließlich Auftragnehmer.

I-A.4.7 *Notfallvorsorge und Gefahrenabwehr*

Die Organisation muss (ein) Verfahren einführen, verwirklichen und aufrechterhalten, um mögliche Notfallsituationen und mögliche Unfälle zu ermitteln, die (eine) Auswirkung(en) auf die Umwelt haben können, und ermitteln, wie die Umwelt darauf reagiert.

Die Organisation muss auf eingetretene Notfallsituationen und Unfälle reagieren und damit verbundene ungünstige Umweltauswirkungen verhindern oder mindern.

Die Organisation muss regelmäßig ihre Maßnahmen zur Notfallvorsorge und Gefahrenabwehr überprüfen und, soweit notwendig, überarbeiten, insbesondere nach dem Eintreten von Unfällen und Notfallsituationen.

Zudem muss die Organisation diese Verfahren, sofern durchführbar, regelmäßig erproben.

I-A.5 Überprüfung

I-A.5.1 *Überwachung und Messung*

Die Organisation muss (ein) Verfahren einführen, verwirklichen und aufrechterhalten, um die maßgeblichen Merkmale ihrer Arbeitsabläufe, die eine bedeutende Auswirkung auf die Umwelt haben können, regelmäßig zu überwachen und zu messen.

Diese(s) Verfahren muss (müssen) die Aufzeichnung von Informationen einschließen, um die Leistung, angemessene Steuerung der Arbeitsabläufe und Konformität mit den umweltbezogenen Zielsetzungen und Einzelzielen der Organisation zu überwachen.

Die Organisation muss sicherstellen, dass kalibrierte bzw. nachweislich überprüfte Überwachungs- und Messgeräte zur Anwendung kommen, deren Instandhaltung erfolgt, und Aufzeichnungen darüber aufbewahrt werden.

I-A.5.2 *Bewertung der Einhaltung von Rechtsvorschriften*

I-A.5.2.1 Entsprechend ihrer Verpflichtung zur Einhaltung der Rechtsvorschriften muss die Organisation ein Verfahren zur regelmäßigen Bewertung der Einhaltung der einschlägigen rechtlichen Verpflichtungen einführen, verwirklichen und aufrechterhalten.

Die Organisation muss Aufzeichnungen über die Ergebnisse ihrer regelmäßigen Bewertungen aufbewahren.

I-A.5.2.2 Die Organisation muss die Einhaltung anderer Anforderungen, zu denen sie sich verpflichtet hat, bewerten. Die Organisation darf diese Bewertung mit der unter I-A.5.2.1 genannten Bewertung der Einhaltung der Gesetze kombinieren oder (ein) eigene(s) Verfahren einführen.

Die Organisation muss Aufzeichnungen über die Ergebnisse ihrer regelmäßigen Bewertungen aufbewahren.

I-A.5.3 *Nichtkonformität, Korrektur- und Vorbeugungsmaßnahmen*

Die Organisation muss (ein) Verfahren zum Umgang mit tatsächlicher und potenzieller Nichtkonformität und Ergreifen von Korrektur- und Vorbeugungsmaßnahmen einführen, verwirklichen und aufrechterhalten. Die Verfahren müssen Anforderungen festlegen zum:

a) Feststellen und Korrigieren von Nichtkonformität(en) und Ergreifen von Maßnahmen zur Minderung ihrer Umweltauswirkung(en);

b) Ermitteln von Nichtkonformität(en), Bestimmen derer Ursache(n) und Ergreifen von Maßnahmen, um deren Wiederauftreten zu vermeiden;

c) Bewerten der Notwendigkeit von Maßnahmen zur Vermeidung von Nichtkonformitäten sowie Verwirklichung geeigneter Maßnahmen, um deren Auftreten zu verhindern;

d) Aufzeichnen der Ergebnisse von ergriffenen Korrektur- und Vorbeugungsmaßnahmen; und

e) Überprüfen der Wirksamkeit von ergriffenen Korrektur- und Vorbeugungsmaßnahmen.

Die ergriffenen Maßnahmen müssen dem Ausmaß des Problems und der damit verbundenen Umweltauswirkung angemessen sein.

Die Organisation muss sicherstellen, dass alle notwendigen Änderungen der Dokumentation des Umweltmanagementsystems vorgenommen werden.

I-A.5.4 *Lenkung von Aufzeichnungen*

Die Organisation muss, soweit zum Nachweis der Konformität mit den Anforderungen ihres Umweltmanagementsystems und dieser Internationalen Norm beziehungsweise zur Aufzeichnung der erzielten Ergebnisse erforderlich, Aufzeichnungen erstellen und aufrechterhalten.

Die Organisation muss (ein) Verfahren für die Identifizierung, Speicherung, Sicherung, Wiederauffindung, Zurückziehung und Vernichtung der Aufzeichnungen einführen, verwirklichen und aufrechterhalten.

Aufzeichnungen müssen lesbar, identifizierbar und auffindbar sein und bleiben.

I-A.5.5 *Internes Audit*

Die Organisation muss sicherstellen, dass interne Audits des Umweltmanagement-systems in festgelegten Abständen durchgeführt werden, um

a) festzustellen, ob das Umweltmanagementsystem

1) die vorgesehenen Regelungen für das Umweltmanagement einschließlich der Anforderungen dieser Internationalen Norm erfüllt; und

2) ordnungsgemäß verwirklicht wurde und aufrechterhalten wird; und

b) Informationen dem Management über Audit-Ergebnisse zur Verfügung zu stellen.

(Ein) Auditprogramm(e) muss (müssen) von der Organisation geplant, eingeführt, verwirklicht und aufrechterhalten werden, wobei die Umweltrelevanz der betroffenen Tätigkeit(en) und die Ergebnisse vorangegangener Audits zu berücksichtigen sind.

(Ein) Auditverfahren muss (müssen) eingeführt, verwirklicht und aufrechterhalten werden, das (die) Folgendes enthält (enthalten):

– die Verantwortlichkeiten für und Anforderungen an die Planung und Durchführung von Audits, die Aufzeichnung von Ergebnissen und die Aufbewahrung damit verbun-dener Aufzeichnungen;

– die Bestimmung der Auditkriterien, des Anwendungsbereichs, der Häufigkeit und der Vorgehensweise.

Die Auswahl der Auditoren und die Audit-Durchführung(en) müssen Objektivität gewährleisten und die Unparteilichkeit des Auditprozesses sicherstellen.

I-A.6 Managementbewertung

Das oberste Führungsgremium muss das Umweltmanagementsystem der Organisa-tion in festgelegten Abständen bewerten, um dessen fortdauernde Eignung, Angemes-senheit und Wirksamkeit sicherzustellen. Bewertungen müssen die Beurteilung der Verbesserungspotenziale und den Anpassungsbedarf des Umweltmanagementsystems, einschließlich der Umweltpolitik, der umweltbezogenen Zielsetzungen und Einzelziele beinhalten. Aufzeichnungen der Bewertungen durch das Management müssen aufbe-wahrt werden.

Der Input für die Bewertung muss enthalten:

a) Ergebnisse von internen Audits und der Beurteilung der Einhaltung von rechtlichen Verpflichtungen und anderen Anforderungen, zu denen sich die Organisation ver-pflichtet hat;

b) Äußerungen von externen interessierten Kreisen, einschließlich Beschwerden;

c) die Umweltleistung der Organisation;

d) den erreichten Erfüllungsgrad der Zielsetzungen und Einzelziele;

e) Status von Korrektur- und Vorbeugungsmaßnahmen;

f) Folgemaßnahmen von früheren Bewertungen durch das Management;

g) sich ändernde Rahmenbedingungen, einschließlich Entwicklungen bei den recht-lichen Verpflichtungen und anderen Anforderungen in Bezug auf die Umweltaspekte der Organisation; und

h) Verbesserungsvorschläge.

Die Ergebnisse von Bewertungen durch das Management müssen alle Entscheidungen und Maßnahmen in Bezug auf mögliche Änderungen der Umweltpolitik, der Zielsetzungen, der Einzelziele und anderer Elemente des Umweltmanagementsystems in Übereinstimmung mit der Verpflichtung zur ständigen Verbesserung enthalten.

Das Global Fair Trade-Label

Das Global Fair Trade-Zertifikat

Awarded to
company's name
company's address
Country

The European Union certifies that the above Company has been audited and found to be in accordance with the requirements of the management system standards detailed below:

THE ECOLOGICAL STANDARDS OF **ISO 14001**

AND

THE SOCIAL ACCOUNTABILITY STANDARDS **SA 8000**

This gold label has to be used for the european market.

This Certificate is valid for the following product ranges:

(Product Description)	(HS Code)

Original approval date: _____

Certificate is valid till: _____

Certificate No.: |A|B| |1|2|3|4|5|6|7|8|9|
                    (Country)   (Registration No.)

_____   _____
European Union   Date, Stamp

To check this certificate please have a look at our website: www.globalfairtrade.eu
© IMS Unternehmensberatung, Stuttgart

Der Global Marshall Plan

Der Global Marshall Plan hat als Ziel eine »Welt in Balance«. Dies erfordert eine besssere Gestaltung der Globalisierung und der weltökonomischen Prozesse: eine weltweite Ökosoziale Marktwirtschaft. Es geht um einen besseren weltweiten Ordnungsrahmen, eine nachhaltige Entwicklung, die Überwindung der Armut, den Schutz der Umwelt, Gerechtigkeit und in der Folge ein neues Weltwirtschaftswunder.

Der Global Marshall Plan umfasst die folgenden fünf Kernziele:
* Millenniumsziele bis 2015 erreichen
* Hierfür jährlich 100 Mrd. US$ mehr aufbringen, um weltweite Entwicklung zu fördern
* Globale Transaktionen belasten, um auch auf diesem Weg einen Teil der benötigten Mittel aufzubringen
* Einen besseren Ordnungsrahmen für die Weltökonomie etablieren, um schrittweise eine weltweite Ökosoziale Marktwirtschaft zu verwirklichen
* Faire globale Partnerschaft. Wirksame Mittelverwendung – basisorientiert und transparent. Korruptionsbekämpfung.

Für weitere Informationen besuchen Sie bitte die Webseiten www.globalmarshallplan.org und www.jetzt-die-welt-retten.de

Unterstützen Sie die Global Marshall Plan Initiative:
Mit nur 12 Euro im Monat (Schüler und Studenten 6 Euro) können Sie die Global Marshall Plan Initiative und ihre Arbeit unterstützen. Über 500 Menschen machen es schon möglich, dass konstant an den Zielen der Initiative gearbeitet wird, die Öffentlichkeit informiert wird und Entscheidungsträger überzeugt werden können.
Als Dankeschön für diese treue Unterstützung erhalten alle Förderer mehrmals im Jahr relevante Neuerscheinungen kostenlos nach Hause geschickt. Im Jahr 2006 waren dies z. B. mehr als 30 Bücher und Zeitschriften. Die einzelnen Bücher sind auch sinnvolle Geschenke an Freunde, Bekannte und Geschäftspartner. Die Förderung ist in Deutschland steuerlich abzugsfähig. Sie zahlen bequem per Bankeinzug und können die Förderung natürlich jederzeit ohne Angaben von Gründen einstellen.

Weitere Informationen finden Sie unter www.globalmarshallplanshop.org/de/foerderung

Global Marshall Plan Initiative	Tel.: +49-(0)40-82290420
Am Sandtorkai 62	Fax: +49-(0)40-82290421
20457 Hamburg,	Konto 212, Sozialbank,
Deutschland	BLZ 25120510
Info@globalmarshallplan.org	IBAN DE73251205100008409800
http://www.globalmarshallplan.org	SWIFT (BIC) BFSWDE33HAN

Glossar

Cause Marketing bedeutet, für ein Produkt zu werben, indem man an das gesellschaftliche und soziale Gewissen des Verbrauchers appelliert. Mit so genannter erlösbezogener Werbung wird dem Kunden durch das zweckgebundene Marketing klar gemacht, dass dieser mit seinem Kauf einen guten Zweck (z. B. Umweltschutz oder Hilfsprojekte) fördert.

Corporate Social Responsibility ist ein Konzept, das den Unternehmen als Grundlage dient, soziale Belange und Umweltbelange auf freiwilliger Basis in ihre Unternehmenstätigkeit und in ihre Wechselbeziehungen mit den Stakeholdern (s. u.) zu integrieren. »Soziale Verantwortung der Unternehmen« heißt entsprechend dem gleichnamigen Grünbuch der EU-Kommission vom 18. Juli 2002, die gesetzlichen Bestimmungen einzuhalten sowie über die bloße Befolgung der Gesetze hinaus in Humankapital, in die Umwelt und in die Beziehung zu anderen Stakeholdern zu investieren.

Nichtregierungsorganisationen (kurz: NGO, nach der englischen Bezeichnung »Nongovernmental organization) sind prinzipiell alle nicht von Regierungen oder staatlichen Stellen organisierten bzw. abhängigen Zusammenschlüsse von Menschen mit gemeinsamen Interessen. NGOs wie Greenpeace oder Transparency International gehören mittlerweile zu den wichtigsten Stakeholdern (s. u.) eines Unternehmens.

Ökoeffizienz bezeichnet die Abstimmung aller Produktionsabläufe und Prozesse im Unternehmen auf ihre Umweltverträglichkeit und effiziente Nutzung von Ressourcen. Mit Ökoeffizienzanalyse bezeichnet man die Analyse des gesamten Lebenswegs eines Produkts von der Entnahme der Rohstoffe bis zur Verwertung oder Entsorgung nach dem Gebrauch. Das Ziel ist dabei, eine möglichst hohe Umweltleistung pro Konsumeinheit zu erzielen.

Sozialbilanz bezeichnet im Gegensatz zur Wirtschaftsbilanz nicht die ökonomischen Leistungen eines Unternehmens, sondern die Darstellung des gesellschaftlichen Beitrags. Damit soll transparent werden, wie und in welchem Umfang das Unternehmen seine soziale Verantwortung wahrnimmt.

Sozialunternehmer (»**Social Entrepreneurs**«/»**Social Enterprise**«) stellen eine neue Generation von Unternehmensgründern dar, die sich die Lösung eines sozialen oder ökologischen Problems als ihre Mission vorgenommen haben. Ihre Motivation ist nicht Gewinnmaximierung, sondern die Erzeugung von »sozialem Profit«. Sie achten dabei dennoch auf Gewinnerzielung, weil ihre Dienstleistungen nur dadurch dauerhaft gesichert und unabhängig von Subventionen sind. Als Musterbeispiel für Social Entrepreneurs gilt Muhammad Yunus, der Gründer der Grameen Bank, der Kleinkredite an Menschen ohne jegliche materielle Sicherheiten vergibt.

Stakeholder bezeichnen alle Anspruchsgruppen eines Unternehmens, von den Shareholdern (den Anteilseignern), Mitarbeitern und Managern (Anspruch auf Beschäftigung und Sicherheit), den Kunden (z. B. Anspruch auf Qualität und Zuverlässigkeit), den Zulieferern, den Kapitalmärkten (Kreditgebern), dem Staat (z. B. Anspruch auf Steuergelder, Umweltschutz), der Natur (Rohstofflieferant, Rückführung des Abfalls) bis zur breiten Öffentlichkeit (Parteien, Verbände, Kirchen, Medien etc.). Das Stakeholder-Prinzip ist eine Erweiterung zum Shareholder-Value-Prinzip, welches Bedürfnisse und Erwartungen der Anteilseigner eines Unternehmens (Aktionäre, Aktiengesellschaften) in den Mittelpunkt des Interesses stellt, weil es versucht, das Unternehmen in seinem gesamten sozialökonomischen Kontext zu erfassen und die Bedürfnisse der unterschiedlichen Anspruchsgruppen in Einklang zu bringen.

Bibliografie

Aachener Stiftung Kathy Beys: Ressourcenproduktivität als Chance. Ein langfristiges Konjunkturprogramm für Deutschland. Aachen 2005

Alt, Franz/Gollmann, Rosi/Neudeck, Rupert: Eine bessere Welt ist möglich. Ein Marshallplan für Arbeit, Entwicklung und Freiheit. München 2005

Beschorner, Thomas/Schmidt, Matthias: Unternehmerische Verantwortung in Zeiten kulturellen Wandels. München 2006

Boris, Jean-Pierre: (Un)Fair Trade. Das profitable Geschäft mit unserem schlechten Gewissen. München 2006

Bornstein, David: Die Welt verändern. Social Entrepreneurs und die Kraft neuer Ideen. Stuttgart 2006

Bummel, Andreas: Internationale Demokratie entwickeln. Für eine Parlamentarische Versammlung bei den Vereinten Nationen. Stuttgart 2005

Daub, Claus H: Globale Wirtschaft – globale Verantwortung. Die Integration multinationaler Konzerne in den Prozess der nachhaltigen Entwicklung. Berlin 2005

de Soto, Hernando: Freiheit für das Kapital! Warum der Kapitalismus nicht weltweit funktioniert. Mit einem Vorwort von Lothar Späth. Berlin 2002

Dror, Yehezkel: Ist die Erde noch regierbar? Ein Bericht an den Club of Rome. München 1995

Eigen, Peter: Das Netz der Korruption. Wie eine weltweite Bewegung gegen Bestechung kämpft. Mit einem Vorwort von Richard von Weizsäcker. Frankfurt/M. 2003

Erhard, Ludwig: Der Wohlstand der Nationen. München 1957

Erler, Brigitte: Tödliche Hilfe. Bericht von meiner letzten Dienstreise in Sachen Entwicklungshilfe. Freiburg/Br. 1985

Friedman, Milton: Kapitalismus und Freiheit. Chicago 1962. Deutsche Ausgabe: München 2004.

Friedman, Thomas L.: Die Welt ist flach. Eine kurze Geschichte des 21. Jahrhunderts. Frankfurt/M. 2006

Fuchs-Gabmöck, Karin/Langmeier, Sofie: Corporate Social Responsibility im Mittelstand. Wie Ihr Unternehmen durch gesellschaftliches Engagement gewinnt. Düsseldorf 2006

Gazdar, Kaevan/Habich, Andre/Kirchhoff, Klaus R./Vaseghi, Sam (Hrsg.): Erfolgsfaktor Verantwortung. Corporate Social Responsibility professionell managen. Berlin 2006

Global Marshall Plan Initiative (Hrsg.): Impulse für eine Welt in Balance. Hamburg 2005

Glombitza, Anna: Corporate Social Responsibility in der Unternehmenskommunikation. München 2005

Habisch, André/Schmidpeter, René: Corporate Citizenship. Gesellschaftliches Engagement von Unternehmen in Deutschland. Berlin 2003

Hartel, Katia: Möglichkeiten und Grenzen des Fairen Handels für Honduranische Kleinbauern. Diplomarbeit Universität Bochum 2007

Helbig, Jörg/Volkert, Jürgen: Freiwillige Standards im Umweltschutz. Heidelberg 1999

Hellenthal, Frank: Umweltmanagement nach der Öko-Audit-Verordnung. Kritische Betrachtung und Darlegung von Perspektiven durch das Konzept der ökologischen Unternehmensbewertung. Köln 2001

Hesse, Peter (Hrsg.): Solidarität, die ankommt. Ein Report an die Global Marshall Plan Initiative. Hamburg 2006

Hirn, Wolfgang: Angriff aus Asien. Wie uns die neuen Wirtschaftsmächte überholen. Frankfurt/M. 2007

Hoffnung Europa. Strategie des Miteinander. Herausgegeben von der Global Marshall Plan Initiative. Hamburg 2005

Holzborn, Astrid: Corporate Social Responsibility in kleinen und mittleren Unternehmen. Grundlagen – Instrumente – Perspektiven. München 2006

Ihlau, Olaf: Weltmacht Indien. Die neue Herausforderung des Westens. München 2006

Illich, Ivan: Die Nemesis der Medizin. Von den Grenzen des Gesundheitswesens. Reinbek bei Hamburg 1987

Johnson, Chalmers: Ein Imperium zerfällt. Ist die Weltmacht USA am Ende? München 2001

Jung, Till H.: Unternehmerisches Handeln in sozialer Verantwortung. Düsseldorf 2007

Karlberg, Michael: Beyond the Culture of Contest. From Adversarialism to Mutualism in an Age of Interdependence. Oxford 2004

Kemfert, Claus.: Die ökonomischen Kosten des Klimawandels. In: DIW Wochenbericht 71. Jg. (2004), Nr. 42, 14. Oktober 2004, S. 615 ff.

Kirchhof, Paul: Das Gesetz der Hydra. Gebt den Bürgern ihren Staat zurück! München 2006

Koch-Weser, Maritta/Jacobs, Wim: Financing the Future – Zukunft finanzieren. Innovative Funding Mechanisms at Work – Innovative Finanzierungsinstrumente. Zweisprachige Ausgabe englisch/deutsch. Berlin 2007

Kuhlen, Beatrix: Corporate Social Responsibility. Die ethische Verantwortung von Unternehmen für Ökologie, Ökonomie und Soziales. Baden-Baden 2005

Küting, Karlheinz/Pfitzer, Norbert/Weber, Claus-Peter: Herausforderungen und Chancen durch weltweite Standards. München 2004

Landes, David: Wohlstand und Armut der Nationen. Warum die einen reich und die anderen arm sind. Berlin 1999

Leonard, Mark: Warum Europa die Zukunft gehört. München 2007

Ley, Michael/Lohrmann, Klaus: Projekt Europa. Erfolge – Irrtümer – Perspektiven. Düsseldorf 2007

Die Macht der Würde. Globalisierung neu denken. Im Auftrag des Deutschen Evangelischen Kirchentags herausgegeben von Christoph Quarch, Silke Lechner, Peter Spiegel und Ulrich Dettweiler. Gütersloh 2007

Martin, Hans-Peter/Schumann, Harald: Die Globalisierungsfalle. Der Angriff auf Demokratie und Wohlstand. Reinbek 1996

Meadows, Donella/Randers, Jorgen/Meadows, Dennis: Grenzen des Wachstums. Das 30-Jahre-Update. Signal zum Kurswechsel. Stuttgart 2006

Miegel, Meinhard: Epochenwende. Gewinnt der Westen die Zukunft? Berlin 2005

Monbiot, George: United People. Manifest für eine neue Weltordnung. München 2003

Muller, Robert: Die Geburt einer globalen Zivilisation. Mit Vorschlägen für ein neues politisches System unseres Planeten. München 1994

Pilny, Karl: Tanz der Riesen. Indien und China prägen die Welt. Frankfurt/M. 2006

Radermacher, Franz Josef: Balance oder Zerstörung. Ökosoziale Marktwirtschaft als Schlüssel zu einer weltweiten nachhaltigen Entwicklung. 4., völlig überarbeitete Auflage. Wien 2005

Radermacher, Franz Josef: Global Marshall Plan. Ein Planetary Contract. Für eine weltweite Ökosoziale Marktwirtschaft. Hamburg 2004

Radermacher, Franz Josef: Globalisierung gestalten. Die neue zentrale Aufgabe der Politik. Das Wirken des Bundesverbands für Wirtschaftsförderung und Außenwirtschaft für eine globale Rahmenordnung einer Ökosozialen Marktwirtschaft. Mit Beiträgen von Christian Berner, Dieter Härthe und Peter Spiegel. Berlin 2006.

Radermacher, Franz Josef/Beyers, Bert: Welt mit Zukunft. Überleben im 21. Jahrhundert. Hamburg 2007

Ray, Paul H./Anderson, Sherry Ruth: The Cultural Creatives. How 50 Million People are Changing the World. New York 2000

Riess, Birgit: Verantwortung für die Gesellschaft – verantwortlich für das Geschäft. Ein Management-Handbuch. Gütersloh 2006

Rifkin, Jeremy: Der Europäische Traum. Die Vision einer leisen Supermacht. Frankfurt/M. 2004

Rose, Gabriele/Treier, Volker: FuE-Verlagerung: Innovationsstandort Deutschland auf dem Prüfstand. Unternehmensinvestitionen in Forschung und Entwicklung im In- und Ausland. DIHK-Studie auf der Basis einer Unternehmensbefragung durch die Industrie- und Handelskammern. Februar 2005

Sabet, Huschmand: Globale Maßlosigkeit: Der (un)aufhaltbare Zusammenbruch des weltweiten Mittelstands. Düsseldorf 2005

Sachs, Wolfgang/Santorius, Tilman: Fair Future. Begrenzte Ressourcen und globale Gerechtigkeit. Herausgegeben vom Wuppertal Institut für Klima, Umwelt, Energie. 2. Auflage. München 2005

Sachs, Jeffrey D.: Das Ende der Armut. Ein ökonomisches Programm für eine gerechtere Welt. München 2005

Schranz, Mario: Wirtschaft zwischen Profit und Moral. Düsseldorf 2007

Schumpeter, Joseph A.: Theorie der wirtschaftlichen Entwicklung. 8. Auflage. Berlin 1993

Schwarzbuch Globalisierung. Eine fatale Entwicklung mit vielen Verlierern und wenigen Gewinnern. Herausgegeben von Jerry Mander und Edward Goldsmith. München 2002

Sen, Amartya: Die Identitätsfalle. Warum es keinen Krieg der Kulturen gibt. München 2007

Sen, Amartya: Ökonomie für den Menschen. Wege zur Gerechtigkeit und Solidarität in der Marktwirtschaft. 3. Auflage. München 2005

Sieren, Frank: Der China-Code. Wie das boomende Reich der Mitte Deutschland verändert. Berlin 2006

Smith, Adam: Der Wohlstand der Nationen. München 1978

Soros, George: Der Globalisierungs-Report. Weltwirtschaft auf dem Prüfstand. Berlin 2002

Späth, Lothar: Strategie Europa. Ein Zukunftsmodell für die globalisierte Welt. Reinbek 2005

Spiegel, Peter: Muhammad Yunus – Banker der Armen. Der Friedensnobelpreisträger. Sein Leben. Seine Vision. Seine Wirkung. Freiburg/Br. 2006

Spiegel, Peter: Eine humane Weltwirtschaft. Erfolgsfaktor Mensch. Düsseldorf 2007

Spiegel, Peter u. a.: Global Marshall Plan. Mit einem Planetary Contract für eine Ökosoziale Marktwirtschaft weltweit Frieden, Freiheit und nachhaltigen Wohlstand ermöglichen. Ein Statement der Global Marshall Plan Initiative. Co-Autoren: Uwe Moeller, Franz Josef Radermacher, Josef Riegler, Surjo R. Soekadar. Stuttgart 2004

Spiegel, Peter u. a.: Chancen. Projekte zur nachhaltigen Gestaltung der Globalisierung. Co-Autoren: Corina Angrick, Peter Fernau, Jens Loewe, Nancy Wimmer. Stuttgart 1999

Spiegel, Peter: Das Terra-Prinzip. Das Ende der Ohnmacht in Sicht. Wirtschaftler werden Revolutionäre. Mit einem Vorwort von Ervin Laszlo. Stuttgart 1996

Spiegel, Peter: Ethische Grundlagen in der Wirtschaft. In: Corporate Social Responsibility – Erfolgsfaktor für den Mittelstand. Münchner Beiträge zur nachhaltigen Entwicklung. Herausgegeben von Jobst Münderlein und Michael Welzel. Band 1. 224 Seiten. Ökom Verlag, München 2006

Spitzer, Manfred: Selbstbestimmen. Gehirnforschung und die Frage: Was sollen wir tun? München 2004

Steingart, Gabor: Weltkrieg um Wohlstand. Wie Macht und Reichtum neu verteilt werden. München 2006

Stiglitz, Joseph: Die Schatten der Globalisierung. Berlin 2002

Stiglitz, Joseph: Die Roaring Nineties. Der entzauberte Boom. Berlin 2004

Stiglitz, Joseph/Charlton, Andrew: Fair Trade. Agenda für einen gerechten Welthandel. Hamburg 2006

Streich, Jürgen: Vorbilder. Menschen und Projekte, die hoffen lassen. Mit einem Vorwort von Ricardo Diez-Hochleitner. Bielefeld 2005

Stückelberger, Christoph/Hoppe, Hella: Globalance. Christliche Perspektiven für eine menschengerechte Globalisierung. Bern 2005

Thurow, Lester: Die Zukunft der Weltwirtschaft. Frankfurt/M. 2004

Todd, Emmanuel: Weltmacht USA. Ein Nachruf. München 2003

Vaihinger, Hans: Die Philosophie des Als-ob. Berlin 1911
Vanderborght, Yannick/van Parijs, Philippe: Ein Grundeinkommen für alle? Geschichte und Zukunft eines radikalen Vorschlags. Mit einem Nachwort von Claus Offe. Frankfurt/M. 2005
Weizsäcker, Ernst Ulrich von/Young, Oran/Finger, Matthias: Limits of Privatization. London 2005
Weizsäcker, Ernst Ulrich von/Lovins, Amory B.: Faktor Vier. Doppelter Wohlstand, halbierter Naturverbrauch. München 1995
Werner, Götz W.: Einkommen für alle. Der dm-Chef über die Machbarkeit des bedingungslosen Grundeinkommens. Düsseldorf 2007
Werner, Heinecke: Unternehmer sind die besseren Entwicklungshelfer. Nachhaltigkeit und soziale Verantwortung in der Dritten Welt. München 2005
Wicke, Lutz/Spiegel, Peter/Wicke-Thüs, Inga: Kyoto PLUS – So gelingt die Klimawende. Sichere Energieversorgung plus globale Gerechtigkeit. Mit einem Vorwort von Klaus Töpfer. Ein Report an die Global Marshall Plan Initiative. München 2006
Wuppertal Institut: Fair Future. Begrenzte Ressourcen und globale Gerechtigkeit. Ein Report des Wuppertal Instituts für Klima, Umwelt, Energie. München 2005
Yunus, Muhammad: Grameen. Eine Bank für die Armen der Welt. Bergisch Gladbach 2006
Zahrnt, Valentin: Die Zukunft globalen Regierens. Herausforderungen und Reformen am Beispiel der Welthandelsorganisation. Stuttgart 2005
Ziegler, Jean: Das Imperium der Schande. Der Kampf gegen Armut und Unterdrückung. München 2005

Peter Spiegel
Eine humane Weltwirtschaft
Erfolgsfaktor Mensch
Mit einem Geleitwort von
Ernst Ulrich von Weizsäcker
230 Seiten
ISBN 978-3-491-72509-6

Erfolgsfaktor einer humanen Weltwirtschaft ist der Mensch und seine Bildung. Die globalen Rahmenbedingungen erfordern ein neues Kompetenzen-Bildungssystem. Jeder Mensch soll bestimmte Schlüsselkompetenzen erwerben, etwa Teamkompetenz, Konfliktlösungskompetenz und Sozialkompetenz. Peter Spiegel fordert eine flächendeckende Kompetenzen-Bildung aller Menschen zu solchen »Lebensunternehmern«. Um diese Schlüsselkompetenzen freisetzen zu können, fordert er außerdem: ein freies Grundeinkommen als ein »Recht auf Globalisierungsteilhabe für alle« und als Befreiung zu einer flexibleren Lebensgestaltung sowie ein Recht auf Kredit, gerade für die Ärmeren und Ärmsten.